The Art of Empathy

プロカウンセラーの
共感の技術

杉原保史
Yasushi Sugihara

創元社

序

京都大学名誉教授　東山紘久

本書は、京都大学学生総合支援センター（カウンセリングルーム）のカウンセラーである杉原保史さんの体験的知恵が詰まった本です。「身近な人間関係の輪の中で、共感を深め、広げていくことで現代社会の抱えている大きな社会問題の解決や緩和に寄与したい」という著者の心からの思いがあふれています。と言っても、共感は単純な概念ではありませんので、さまざまな角度から述べられています。コミュニケーションをよくし、対人関係を改善したい人に是非おすすめしたい一冊です。

共感には感受性が必要です。そして感受性には、相手の気持ちを感じる感受性と、自分の心を感じる感受性とがあります。前者が強いとストレスになることがあり、後者が目立つと勝手解釈になってしまいます。前者は、著者の言葉を借りれば「**水に溺れている人が水をじっくり楽しめないように、感情に溺れている人は感情をじっくり味わえない状態**」（71頁）を言います。両者のバランスがよいと、共感性が相手にも自分にも心地よいものになります。

本書の具体的な知恵の一端を、要約してご紹介しましょう。

「相手の立場に立って理解する」（46頁）。

これが共感的理解です。カウンセラーが最初にトレーニングされる技術です。

「その人の思いを受けとめるように話を聴きます」（41頁）。

親鸞は「聴くことは信じることです」と述べています。相手の話の内容が真実かどうかを考えるだけで、そこには疑いが入ってきます。

「とりあえず自分の視点を離れる」（47頁）。

相手が話していることは、自分のタスクなのか、相手のタスクなのかを見ることです。これを「自他の区別」と言います。

「共感してくれていることが分かるなら、人は相当な困難に立ち向かえるものです」（32頁）。

「共感しすぎるのは、相手の一つの気持ちに焦点を当てすぎているのです」（133頁）。

「共感の能力は、自分が共感してもらった経験から身についていきます」（55頁）。

「共感は、常に受容とセットで実践されます」（60頁）。

「困っている人に真に共感すれば、助ける行動が呼び覚まされます」（66頁）。

「馬や牛や犬の調教名人と呼ばれるような人は、どの人も申し合わせたように罰を用いていません」「彼らは、よい行動をほめてご褒美を与えることをしつけの基本としています」（189頁）。

人間不信に陥った人にペットセラピーがしばしば有効であることが知られています。ホームレスの人たちの多くが犬を連れています。自閉症児にイルカのセラピーが有効なのもイルカに対して彼らが心を開くからです。動物は、自分に罰を与える人を嫌い、人間の自分に対する思いを素直に感じます。

「まずあなた自身が、自分自身にポジティブな感情の体験を許していることが大切です」（144頁）。これを「オープンネス」と言います。自分自身の喜びに素直になっていることです。

「受容・共感・変化促進の三つは、相互に手に手を取りあってらせん状に深まっていくものです」（68頁）。

「共感できないという感じをありのままに感じることができれば、それはすでに共感の始まりです」（88頁）。

「相手の話していることを丁寧に聴くことは、もちろん大事です。でも、相手が話していないこと、話せないでいることを聴くことのほうがもっと大事です」（94頁）。

「人は常に矛盾や葛藤を抱えて生きています」「健康な人は矛盾や葛藤は当たり前のこととして、ごく自然に抱えています」「人の矛盾や葛藤を聴いている人は、しばしば自分自身が混乱して、白黒をつけたくなります」（104－105頁）。

杉原さんは矛盾や葛藤で悩んでいる多くの人の話を聴いておられるので、人の心のありようが見えるのです。人間は自分の人格レベル・体験レベルでしか人の話を聴けないものです。

「葛藤の両面をつなぐコメントを述べるにはコツがあります」（108頁）。逆説の接続詞「にもかかわらず」「しかし」「ですが」を使わずに「「そして」「それと同時に」「その一方で」など順接の接続詞を使います」「コメント全体を「穏やかな声」で言うことです」（108頁）。「「心の浅い層」は基本的に〝明確な内容〟から成っています。「心の深い層」は〝曖昧な内容〟から成っています」（113頁）。

「相手と息を合わせます。呼吸を整えることによって、リラックスし、肩の力を抜きます」（119頁）。「共感を深めていくことは、すでにある悪意や悪行をありのままに認め、それらをその人とともに落ち着いて見つめていくことです」（178頁）。

ここまで人格のレベルが高まると、親鸞の「善人なほもて往生とぐ、いはんや悪人をや」の心境でしょうが、これは、専門家でも、なかなか実行するのは難しいですね。

本書をお読みになられて、具体的な例の中には、もしかするとあなたの反発を呼ぶものもあるかも知れません。そのとき、著者の言いたいことを素直に読み取ろうと思うことができたとしたら、あなたはこの本の真骨頂に触れることができたと言えるのではないでしょうか。

はじめに

私は、カウンセラーとして、日々、さまざまな方の悩みをお聴きしています。また、一般市民向けのカウンセリング講座の講師として、受講生の方々から、ご自身やご家族についての悩みをお聴きすることもよくあります。私生活においても、身近な友人・知人から、ご自身の悩み、ご家族の悩み、あるいはその人のご友人が抱えている悩みについての相談を受けることもままあります。そのたびに、本当に世の中は悩み事だらけなんだなと実感しています。

そうした悩みは、表面的には実にいろいろな姿・形をまとっています。引っ込み思案やかんしゃく持ちといった性格の悩み。夫がアルコール依存症だという悩み。息子が引きこもりだという悩み。職場でいじめられているという悩み。失業しそうだという悩み。部下がついてこないという悩み。子どもに難しい障害があるという悩み。重い病気を抱えているという悩み。妻がカード・ローンで借金をしているという悩み。夫が浮気しているという悩み。あまり関係がよくない親の介護の悩み。

これらの悩みは、その内容から、心理問題、福祉問題、経済問題、雇用問題、キャリアの問題、育児問題、夫婦関係の問題、法律問題、医学的問題、などなどの異なるカテゴリーに分類されがちです。そういう意味で、それらは異なったものと見なされることが多いです。けれども別の視点から見ると、どんな悩みであっても、それが語られるとき、そこで求められているのは相手からの〝共感〟です。そういう意味では、すべての悩みはどれも同じであるとも言えます。悩み相談において最も重要なのは〝共感〟であると言われるゆえんです。


本書は、悩み相談の現場に長年携わるなかで私の中に醸成されてきた共感についての知恵や工夫を思いつくままに書き綴ったものです。

本書において私は、身近な人間関係の中で共感的なコミュニケーションを強めていくためのヒントやコツを提供したいと思っています。共感についてさまざまな面から説明し、共感的なコミュニケーションの特徴や型について述べます。

そうやって身近な人間関係の輪の中で、共感を深め、広げていく。そのことが、ゆくゆくは現代社会が抱えている大きな社会問題の解決や緩和に寄与するものと私は考えています。現在の心の専門家（カウンセラーや心理療法家）の多くは、自分たちの理論的・経験的な知識は、面接室の中でクライエント（相談に来た人）を治療するための高度の専門知識であって、一般の人がむやみに知る必要はないものだと考えているようです。またそうした知識が面接室の外に広がる社会の問題の解決に寄与するなどとは考えていないようです。そのため、そうした知識を広く一般の人に分かりやすく伝えることに消極的であるように見えます。

私の考え方は違います。できるだけ一般の方々にとって分かりやすい表現を心がけながら、専門的なカウンセリングにおける共感的コミュニケーションのエッセンスをお伝えしていきたいと思います。

なお、本書のあちこちに相談場面での具体的なやりとりが描かれていますが、これらはすべてこれまでの相談経験に基づきつつ創作したものであることをお断りしておきます。

プロカウンセラーの共感の技術　目次

プロカウンセラーの共感の技術

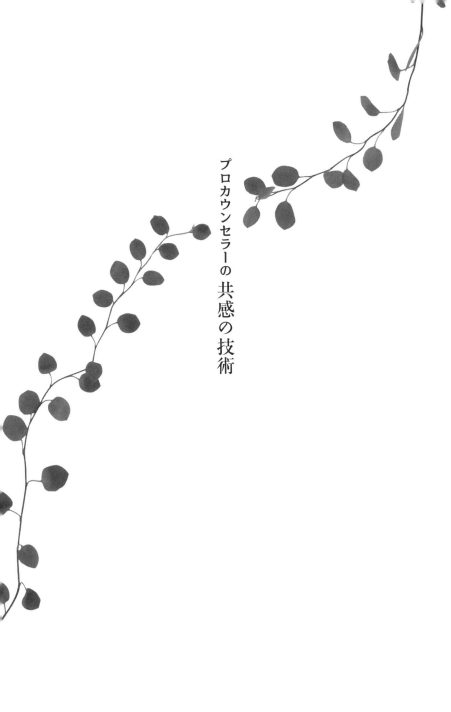

1 共感とは何か

「共感とは何でしょうか?」

多くの人は、共感とは相手の感じているのと同じ感情を具体的にそっくりそのまま感じることだと考えています。

共感をこのように考えれば、そんなことはあるかもしれないし、ないかもしれないとしか言いようがありません。たとえあったとしても、そんなことは確認のしようがない、とても不確かなことです。

多くの人は、共感をこのように定義づけた上で、「共感なんて本当にできるのか?」という問いをくり返しくり返し、問いかけ続けます。あるときは、「もしかするとできるのかも」と希望を抱きながら、あるときは「どうせできっこないだろう」と絶望的な気分に陥りながら、その両極の間を行ったり来たりしているのです。

このことと並行して、多くの人が〝共感されたい〟という気持ちと同時に、〝絶対に共感されたくない〟という気持ちを抱いているように思います。

苦悩を抱えた人は、その苦悩が深ければ深いほど、「その気持ち、分かるよ」などと簡単に言われると、腹が立つものです。そう言われると「お前の苦悩なんて、その辺にどこにでも転がっているよくある苦悩だ、みんなそれぐらいの苦しみを味わいながら生きているんだ」と言われているように感じられるのかもしれません。

あるいは、その人は、自分の苦悩の独自性を尊重されたいと願っているのかもしれません。確かに、どの人の苦悩も、他の誰の苦悩とも違う、その人だけのものです。同じような言葉で語られていても、やはり一人ひとり、苦悩の中身は違います。そして何よりもまず、その苦悩を味わっているのは、この世にただ一人、独自の存在であるその人でしかないのです。その意味で、どこまでいってもその苦悩はその人に独自のもので、他の誰にも絶対に分かりえないものです。

このこととも関連して、次のような問いもよくなされます。

「犯罪の被害者の気持ちが本当に分かるのか？」

「災害の被災者の気持ちに共感できるのか？」

「健康な人間に重い病気を患った患者の気持ちが分かるのか？」

「女には男の気持ちが分かるのか？」
「男には女の気持ちが分かるのか？」
これらの問いは、「同じ経験をしたことがなくて、相手の気持ちが分かるのか？」あるいは「異なる生物学的条件を持っていて、相手の気持ちが分かるのか？」ということを問うているのです。つまりは、「経験や生物学的条件などの個別性は、絶対的な障壁となって、個人と個人の間に立ちふさがるものではないか？」と問うているのです。まことにもっともな問いです。

戦後、シベリアに抑留され、強制収容所で生き延びた日本人捕虜の一人である石原吉郎さんはご自身の詩集の「あとがき」の中でこう語っています。「人間の体験のなかには、よしんばそれが共同の体験であっても、絶対に共有できない部分があり、その部分を確認することだけが、かろうじて〈私が生きた〉という実感につながる」。

石原さんの言葉には重みがあります。確かに、石原さんに限らず、誰しも、たとえ共通の体験をしていたとしても、その体験は一人ひとりユニークなものです。究極的には、私たちは一人ひとり別々の存在であり、決して誰にも分かることなどできない独自の存在です。私たちはみな一人なのです。

これから述べるすべてのことは、この事実を前提としています。そのことをここでしっかり確認しておきたいと思います。つまり、私たちは誰しもみな一人なのです。そしてそれこそが、まさに共感のスタート地点なのです。私たちはみな一人。一人であるということの感覚こそが、私たちにつながりを求めさせるものであり、また、私たちがつながりを感じ合うための共通の基盤なのです。

以上からも分かるように、共感は、個人の境界線に関わるものです。個人は、他者から、そして環境から切り離され、独立した存在なのでしょうか？　もちろん、人は一人でこの世に生まれてきて、一人でこの世から去ってゆきます。個人が、物理的に見て、一つの切り離された、独立した単位であることは紛れもない事実です。

しかしその事実を十分に認めたその上で、「本当にそれだけなのか？」ということを問題にしたいのです。

「私があなたに共感する」と言うとき、それは、私とあなたとがどこかで結びつき、一体となっていることを意味しています。「人々の間に共感の輪が広がる」と言うとき、それは人々がバラバラな個人の寄せ集めではなく、一つのコミュニティになっていることを意味していま す。いわば、たくさんの細胞が集まって一つの生命体を構成しているように、個人の集まりが一つの生き物となっていることを意味しているのです。

そんなのは幻想だと思われる方もあるかもしれません。確かに、いわゆる「科学的」な見方からすれば、共感は単なる幻想ということになるかもしれません。しかしそのような「科学的」な見方も、単に一つの見方であるに過ぎません。決して唯一絶対の見方ではないのです。

あらためて問いましょう。「共感とは何でしょうか?」

共感は、個人の境界線を越えてあなたと私の間に響き合う心の現象、つまり、「人と人とが関わり合い、互いに影響し合うプロセス」のことなのです。ですから共感は、ただ相手とぴったり同じ気持ちになることを指すわけではありません。むしろ、互いの心の響き合いを感じながら関わっていくプロセスであり、それを促進していくための注意の向け方や表現のあり方などを指すものです。

共感は単純な概念ではありません。それは複雑にカットされたダイヤモンドのように、異なる角度から見ると異なる輝きを放ちます。見る角度によっては、それまでとはまったく別のもののように見えることもあります。そのように、一見すると矛盾するような面もすべて含めて、「共感」なのです。ですから、「共感とは何か?」という問いは、一筋縄ではいかない問いです。結局のところ、本書全体が、その問いへの私なりの答えだとも言えるでしょう。

本書において私は、共感をさまざまな角度から眺めていこうと思います。きっとそれは、角度によってさまざまに異なる興味深い輝きを見せてくれることでしょう。これから私は、みなさんと共にそれに魅せられ、それに驚き、それを楽しんでいこうと思います。

2 孤独なのになぜ人と関わりたくないのか

現代人は孤独だと言われます。コミュニティが崩壊し、社会はバラバラな個人の寄せ集めになってしまいました。もはや隣人がどんな人物で、何をしているのかも知らないし、関心もない、というのが当たり前の社会です。ですから、現代人はみな孤独であり、孤独を癒やしたいという願望を抱いているはずです。誰かとのつながりを感じたいと願っているはずです。

それならば、〝共感〟はそうした現代人にとって、最も効果的な治療薬になるはずのもの。ところが、現代人は、共感することが苦手です。なぜでしょう？　なぜ本書のような共感の指南書が必要となるのでしょう？　みんな孤独感を感じており、互いにつながりの感覚を求めているはずなのに、どうしてそんなことになるのでしょうか？

私は、現代人は共感を恐れているのだと思います。「共感すること」は、ともすると「生きづらさ」をもたらすことが多いからです。そのために共感することが怖いことになってしまっているのです。
いじめられている子のつらさに共感すれば、助けたくなってしまう。そうすると、今度は自分までいじめのターゲットにされてしまうかもしれない。厄介なことに巻き込まれることになる。そういうことは避けたい。もしかすると、親からも、やっかいなことに手を出しちゃいけないよと言われているかもしれません。いじめられている子に共感し、その子を助けることは、いじめのターゲットになる危険ばかりか、親から叱られる危険をも冒すことになってしまいます。

正社員の人が、隣席の派遣社員の人の苦しい立場に共感すれば、今のままの会社の方針に疑問を感じるようになり、何か活動したくなるかもしれません。そしてそれが、何らかの生きづらさをもたらしてしまうかもしれません。ただ黙って通り過ぎれば、平和な人生を歩むことができる。それでいいじゃないかと思う気持ちも理解できます。

こうした共感への恐れは、コミュニティをバラバラにし、コミュニティのメンバーに孤独をもたらします。

近代化の歴史の中で、われわれは、淋しさや空しさを癒やすために、次々と商品を開発し、買い求めてきました。新しい商品を開発し、買い求めることは、豊かさを生きることであり、幸せを手に入れることだと信じてきたからです。しかし、物を買っても買ってもなかなか幸せにならない。そうやって電化製品が増え、電力消費量が増えました。人と物の移動のスピードは飛躍的にアップし、瞬時にやり取りできる情報量は膨大となり、私たちは便利さを日々高めてきました。

私たちは、すでに十分に豊かになったはずです。もはやかつてのように飢えることもなく、寒さに打ち震えることもありません。ですが、幸福な人、人生に喜びを感じている人、人生に深い意味を感じている人、大いなる満足感をもって死を迎える人が、当たり前にたくさんいる世の中になったでしょうか?

便利さと豊かさを、「もっともっと」と求めることが非常に危ないことだということに、もはやわれわれの多くが気づいています。目先の経済成長を最優先課題とすることが、長期的に見て破壊的な結果をもたらすことにも気づいています。にもかかわらず、それを止めることができないでいます。

このことは、過度に個人主義的で競争的な現在の社会や経済のシステムと密接に関係していると思います。誰か一人が富を得るためなら、他の人を犠牲にしても構わない。世界経済を活性化させるためなら、地元の伝統的産業が荒廃しても構わない。人間が便利さを得るためなら、自然を犠牲にしても構わない。自然を、地域社会を、そして隣人を省みていては豊かに生きていくことはできない。現代社会のさまざまな現実が、「身近な人たちに共感していてはいけない。そういうものを切り捨ててこそ、豊かに生きることができる。勝ち組になることができる」という暗黙のメッセージを伝えてきます。この暗黙のメッセージは、現代社会の奥深くに、静かに、かすかに、しかし強烈に流れているように私には感じられます。

われわれは、こうしたメッセージによって不安をあおられ、知らず知らずのうちに、経済を優先しなければ生活ができなくなるかのような錯覚を抱かされています。そして、身近な隣人への温かな共感を大事にしないよう、共感を避けるよう、誘導されています。

しかし、このようなやり方では、永遠に淋しさや空しさが癒えることはありません。この悪循環を断ち切り、逆転させることが必要です。共感はただの幻想ではない、私とあなたはつながっている、人間と自然は一つである、地球はそれ自体で一つの命である、こうした見方に心を開いてみましょう。そのことは、あなたと身近な誰かとの間の共感をおのずと深めることでしょう。

共感への恐れが非現実的なものだと言うつもりはありません。今の社会においては、たしかに生きづらさをもたらすこともあるでしょう。だから、それを恐れるのは、ある意味で当然のことです。けれども、多くの場合、その生きづらさは過大に見積もられたものだと思います。

さらに言えば、共感がもたらすそうした否定面ばかりが注目され、その肯定面が見逃されていることも多いと思います。

共感への恐れを乗り越え、勇気をもって他者と関わり合っていくならば、生きがいや充実感が増していくはずです。生きづらさが増すことがあるかもしれませんが、それは一過性のもので、長い目で見れば、むしろ孤独感が和らいだり、他者とのつながりが実感されたりするでしょう。共感の肯定面は、否定面を補ってあまりあるものなのだと信じ、希望をもって共に歩んでいきましょう。

3 苦境を乗り越える力

ビジネスや政治の世界に棲む「男性」たちは、共感を「女々しいもの」「おんな子ども」のものだと馬鹿にしているように思えてなりません。「馬鹿にしている」という表現は行きすぎかもしれませんが、多くの男性、とりわけ働く世代の男性にとって、「共感」はあまり馴染みのないものだとは言えるのではないでしょうか。

男性、とりわけ働く世代の男性は、一般に、女性と比べて、心理相談やメンタルヘルスの相談に自発的に現れることが少ないということが知られています。このことは、男性は人に気持ちを打ち明けない傾向が強いということであり、共感と馴染みが薄いことを示しています。そして、統計によれば、男性の自殺率は女性のおよそ二倍です。男性がもっと共感と親しむようになれば、男性もより自発的に相談するようになり、自殺率も下がることでしょう。

私は大学のカウンセリングルームで相談活動をしているので、就職活動をしている学生の話を聴く機会がしばしばあります。彼らの話によると、企業が学生に求める能力として一番に挙げているのは、たいてい「コミュニケーション能力」なのだそうです。他者とのコミュニケーション能力は、それほど重視されているのです。

だとすれば、ビジネスの世界においても〝共感〟はもっと重視されてよいはずです。共感はコミュニケーションの最も重要な要素だからです。共感を軽んじながら、しかしコミュニケーション能力は重視する、などということは考えにくいのです。もしそんなことがあるとすれば、それは、相手の気持ちを感じることなく言葉巧みに言いくるめたりごまかしたりする能力を重視しているのだと受け取られても仕方ありません。そんな能力では本当に信頼感のあるビジネスは進めていけないでしょう。

また、企業が時代の変化に対応していこうとするとき、組織の大きな改編を行わざるを得ないこともあるでしょう。そうなると、その組織の現場では、上司が部下に対して、どうしても厳しいことを言わなければならないこともあるでしょう。そのとき上司は、部下の気持ちに下手に共感してしまうと、言うべきことを言えなくなってしまうと恐れるかもしれません。端的に言えば、リストラ計画を伝えなければならないような場合、部下の気持ちに深く共感すると、それを伝えるのがとても苦しくなってしまうでしょう。

しかし、部下の身になって考えてみてください。平然とした顔で、切り捨てるようにリストラ計画を伝えられるのと、苦悶の表情を浮かべながら、上司自身が痛みを感じているのが伝わるようなやり方でリストラ計画が伝えられるのとでは、同じ内容を伝えられたとしても、受ける側の気持ちはまったく違います。

もちろんリストラされるのはつらいです。けれども、自分が誇りに思い、信頼し、一体感さえ感じていた組織から、何らの感情も伴わないようなやり方でリストラを言い渡されることは、もっとつらいのではないでしょうか。後者のつらさは、前者のつらさとは、また別のものです。後者のつらさを決して軽く見てはいけません。多くの人が、「リストラされたからうつ病になった」と単純に考えがちです。しかし、そういう人のカウンセリングをしていると、実際のところ、「リストラされたから」ということ以上に、「そのときの言われ方」のほうにショックを受け、生きがいを喪失し、志気を喪失していることがとても多いのです。

ビジネスの世界において共感が伴わないコミュニケーションが横行していることこそ、職場でのうつが増加している大きな要因だと私は思います。

冷静にソロバンをはじいて、これが非常に大きな損失であるということは、ビジネスのプロであればすぐにお分かりいただけるかと思います。どうせリストラする社員だから関係ない、というような話ではありません。リストラされなかった社員も、こうしたコミュニケーションにさらされているわけで、上司とリストラされた社員とのやり取りを敏感に察知しているはずです。無理矢理に共感を押し殺し、厳しい内容を伝えている上司も、厳しく硬い表情の下で実は傷つき、疲弊しているのです。さらには、同種の問題はさまざまに形を変えて組織内の至る所で発生していると考えられます。もしかすると、労災などの訴訟に発展している場合もあるかもしれません。ハラスメントの問題として現れている場合もあるかもしれません。いずれにせよ、これは組織のメンバーの職務遂行上の志気に関わる問題なのです。

苦しい状況だからこそ、また、そういう時代だからこそ、互いを思いやる「共感」はそこを乗り越えていくために、本来、必要な力なのです。就職活動をする学生にコミュニケーション力を求めるのであれば、まず、その企業の長が、そして役員が、管理職にある人たちが、共感豊かなコミュニケーションの力を持って、その企業を支え、社員を支えてほしいと思います。そして、やむを得ずリストラをしなければならないのだとすれば、そうしたときのコミュニケーションこそ、最も共感的なコミュニケーションであってほしいと願います。

「わが社を取り巻く状況は、今とても不条理で厳しいものになっています」というような、耳を塞ぎたくなるような内容の情報であっても、本当に信頼できる相手からしっかりと伝えられ、このような状況ですから、このように取り組んでいきましょうと力強く呼びかけられれば、何とか落ち着いて行動できるものです。情報の内容よりも、情報を発している人、あるいはシステムに対する信頼感が問題なのです。その人が、こちらの不安や心細さをしっかり見てくれており、共感してくれているということが分かるなら、人は相当な困難に立ち向かえるものです。共感は人間を強くします。自分自身への共感は、自信になります。メンバー同士の互いの共感は集団の一体感や志気を高めます。

難しい時代だからこそ、ビジネスや政治の世界にこそ、共感は最も必要なものだと言えるかもしれません。

4 「考えるな、感じろ」――ブルース・リーの教え

考えるな　Don't think!
感じろ　Feel!

――ブルース・リー

カンフー映画の歴史的名作『燃えよドラゴン』の中で、ブルース・リーは、弟子の少年に「考えるな、感じろ」と教えています。

このブルース・リーの教えは、カンフーの極意であると同時に、共感の極意でもあります。共感の最初のレッスンは「考えるな、感じろ」です。

あなたは、ランチを食べているとき、何か考えごとをしていて、せっかくのランチの味を覚えていないということはありませんか？　食材のにおいや歯ごたえ、喉ごしなどを、まったく

味わうこともなく、考えごとに耽ったまま食事を終えてしまったということはないでしょうか？

シャワーを浴びているとき、お湯の温度、湯気の湿り気、身体を伝うお湯の感覚などをまったく感じることもなく、考えごとをしているということはないでしょうか？

歩いているとき、足の裏に感じる、一歩一歩の大地の感触、季節ごとに移りゆく空気のにおい、一歩踏み出すごとの脚の筋肉の感覚などを感じることなく、物思いに耽っていることはないでしょうか？

私たちは、一瞬、一瞬のこの今の現実を生き、感じています。にもかかわらず、「感じていること」にまったく注意を払わず、「考えること」に没頭し、アタマの中に作り出された観念の世界の中で生きていることが実に多いのです。

「共感」には「感」という字が入っています。共感するには、まず「感じる」ことが必要です。より正確に言うと、「感じていることに注意を向ける」ことが必要です。

というのも、誰でも、いつでも何かを感じているからです。感じることは、努力のいらない活動なのです。「感じることが必要だ」とか「感じないといけない」とか、文字にしてしまうと、まるで一方に感じない状態があって、他方に感じる状態があり、意志の力で前者から後者に至るかのようですが、そんなことはありません。

4 「考えるな、感じろ」

誰でも、いつでも、何かを感じています。「感じない」ということはありえません。「感じられない」ということもありえません。ただ、そこに注意を向けるかどうかの問題です。感じていることに注意を向けることができない状態も、時と場合によってはあるでしょう。そういう場合は無理をしないことも大事です。

とりあえず今は、「感じない」とか「感じられない」とかいうことはありえない、誰でもいつでも何かを感じている、そこに注意を向けるかどうかの問題だ、ということを確認しておきましょう。

くり返しますが、「感じる」ことは、努力のいらない活動です。リラックスして、感じていることに注意を向けてみましょう。それが〝共感〟の始まりです。誰かを前にしているときには、まず感じることです。相手を前にしていても、考えに耽っていては共感はできません。共感はただ「感じる」ことから始まります。相手が目の前にいない場合でも同じです。誰かのことを想いながら感じましょう。

誰かと話をしているとき、話を聴きながらあなたは、どうやって相手を説得してやろうかとか、どう反論してやろうかとか、どんな小さな間違いであれ見つけ出して指摘してやろうとか、そんなことをずっと考えているかもしれません。あるいは、相手の悩みへのよい解決策がないだろうかと考えているかもしれません。何か気の利いたことを言わないと嫌われるのではないかと、一生懸命考えているかもしれません。相手が話している間に、次に自分がどんな話をしようかと考えているかもしれません。

このように、せっかく目の前に相手がいて、一生懸命話を聴いている状況があったとしても、肝心の聴き手のほうが頭の中で必死に何かを〝考えて〟いて、自分が〝感じて〟いることにまるで注意を払っていないのであれば、それは共感からはほど遠い状態だと言えるでしょう。

力を抜いてください。感じることは努力のいらない活動だということを思い起こしてください。共感しようと努力しすぎていて、逆に、共感できていない人をしばしば見かけます。共感は努力してするものではありません。

何も感じない？　それでいいのです。あなたは自分が「何も感じない」と感じていることに気がつきました。それが共感のスタートです。とりあえず十分なスタートです。あなたは自分の感じていることに注意を向けました。そうして相手と対面しながら、その感じに注意を向け続けていると、「何も感じない」という〝感じ〟が変化することがあるのにいつか気がつくでしょう。それがどういうときなのかに興味がわくかもしれません。その変化の感触に興味をかき立てられるかもしれません。そうやって感じていることに注意を向け続けていると、その感じは徐々によりきめ細やかなものになっていくのです。

5 すべてをありのままに感じる

さて、感じていることに注意を向けてみましたか？

もしまだなら、誰かと会っているときに、あるいは誰かを想いながら、その瞬間、瞬間に感じていることに注意を向けてみましょう。その瞬間、瞬間にです。つまり共感は「プロセス」だということです。共感は、はかないものだとも言えます。決して固定したものではありません。一瞬前に感じていたことが、次の瞬間にも同じように確かにそこにあるという保証はないのです。

そのとき感じるものに、正しいとか間違っているとかいうことはありません。あるいは、感じられることはすべて正しいと言ってもいいでしょう。

感じられることは、〝快〟の感じを帯びていることもあるでしょうし、〝不快〟の感じを帯びていることもあるでしょう。ニュートラルなものも多いでしょう。〝快〟と〝不快〟が入り混じったものであることもよくあります。

自分の中に感じられるものには、恥ずかしいものや許しがたいものもあるでしょうし、歓迎されるものもあるでしょう。

いずれにせよ、すべてをただありのままに、価値判断抜きの態度で感じます。心地よい感じだからより長い時間感じていようと頑張ったりしない。心地よくない感じだから感じないように頑張ったりしない。リラックスして、感じていることに対して何もせずに、ただ感じることを心がけます。

このような態度、つまりカウンセリングで「価値判断抜きの態度」とか、「非審判的な態度」とか言われる態度は、共感において非常に重要なものです。このような態度が涵養されていくにつれ、その人の共感は深さを増し、輝きを増してゆきます。ただしそれは一朝一夕になせる技ではありません。

私たちは、どうしても反射的に嫌なものは避けようとしますし、心地よいものには浸ろうとします。そして自分たちがそうしていることをほとんど自覚していません。たいていの人は、じっくり感じる前に、反射的に行動してしまいます。つい、何かしたり、言ったりしてしまうのです。

5 すべてをありのままに感じる

「私、最近、クラシック音楽にはまっててね」
「えー、クラシックって退屈じゃない？」

相手の発言を聞いたとき、心の中に色んな思いや感情がわいてくるでしょう。たとえば、妬みや競争心がわいてくるかもしれません。自分の中のコンプレックスが刺激されるかもしれません。人それぞれ、いろいろ内容は違いますが、そういう気持ちがわくこと自体はとても自然なことで、避けようもないことです。そういう気持ちが何もわかないなどという人はいません。

さきほどの例では、クラシック音楽に目覚めたという話し手に、聴き手は妬みや競争心を抱いたのかもしれません。以前から自分には品のいい趣味や教養がないというコンプレックスがあり、話し手のこの発言にそのコンプレックスを刺激されたのかもしれません。聴き手は、そういう気持ちに反射的に動かされ、そういう気持ちをそのまま言葉にしてしまい、相手をやっつけて自分の競争心を満たすような発言をしてしまったのでしょう。つまり、クラシック音楽の価値を引き下げて競争に勝ったことにして、安心したくなったというわけです。

しかし、こういうとき、聴き手には、自分が競争心を満たしているなどというはっきりした自覚はありません。ただ、なんとなくモヤモヤした嫌な感じがして、反論したくなっただけ、といったぐらいの意識しかないことが多いでしょう。

だから、まず感じてみましょう。あらためて、自分が感じていることにじっくりと注意を向けてみるのです。そうすれば、自分がコンプレックスを刺激されて嫌な気持ちになったことが感じられるでしょう。それを、一度、「味わうようにじっくり感じる」ことをしてみましょう。そして、そのまま放っておくのです。それにとらわれる必要はありません。自分の中にそういう気持ちがあったのだと気づいて、放っておきます。それができれば、反射的に相手に嫌みなことを言う必要はなくなるでしょう。

「感じられること」に正しいとか間違っているとかいうことはありません。競争心であれ、コンプレックスであれ、あなたの愛すべき傷つきなのです。そこに目を向け、まずはその気持ちを大事にしてあげましょう。

6 相手の思いを受け取るように聴く

誰かと共感的なコミュニケーションをするということは、その時間を相手のために使うということです。

誰かのために自分の時間を使う。人生の時間は有限です。誰もがいつか死にます。そして人間は、自分がいつか死ぬということを自覚しながら生きることができる唯一の生物種です。ですから、誰かのために自分の時間を使うということは、人間にとって最も貴重なものを差し出す行為だとも言えるでしょう。

もしあなたが、誰かと共感的なコミュニケーションをしようと決めたのだとしたら、その時間は、ただただ相手の気持ちを受け取るように関わります。その人の気持ちが伝わってくるまに、その人の思いを受けとめるように関わります。会話であれば、その人の思いを受けとめるように話を聴きます。相手自身でさえまだ自分でも気づいていないような深い思いまでも、あやふやな気持ちまでも、すべてを受け取るようなつもりで聴くのです。

そんなことが可能なのかと疑う人がいるかもしれませんが、可能なのです。人は自分で想像している以上に、自分でも自分のことが分かっていません。そして感情はひとりでに、即時的に、オートマチックに伝播します。表情、視線、姿勢、声、しぐさ、それらすべての複雑な組み合わせによって、おのずと伝わります。これらすべてが無自覚のうちに自動的に起こるのです。

相手の気持ちを受け取っている側も、受け取っているものをはっきりと自覚できているとは限りません。けれども、受け取っている側のほうが、話している本人よりも気づきやすいことも多々あります。人はなかなか自分のことには自分で気づけないものです。

とにかく、共感的に話を聴こうと思うのなら、その時間は相手のためのサービスの時間です。これは決してただ相手に媚びればいいとか、相手の気持ちをよくしてあげればいいという意味ではありません。「とにかく相手を中心に置いて考えよう」ということです。

「最近、課長が私のこと、無視してるんじゃないかって思うんだけど……」

「それは考えすぎだよ」

この会話では、せっかく話し手が心配ごとを話し始めたのに、聴き手がその話を遮ってしま

6 相手の思いを受け取るように聴く

っています。聴き手にすれば、「考えすぎだ」という自分の見解は正しいものだ、この見解は話し手のためになるはずだ、と信じているのでしょう。しかしそれはあくまで聴き手の考え方です。つまりそれでは聴き手中心だということです。

話し手の側に立ってみれば、言いたいことを切り出したけれどもすぐに説得されて、まったく聴いてもらえなかった、ということになるでしょう。

人はどうしても、物事を自分中心に考えてしまいます。いくら「それは考えすぎだ」という自分の見解が正しい、絶対に正しい、と信じている場合でも、共感的コミュニケーションをすると決めたのなら、そこは相手中心に考えましょう。相手の思いを受け取るように聴くのです。相手の感じていること、相手の気持ちを感じ取ろうとしながら聴くのです。

そうすると、どうなりますか？　もう一度、やってみましょう。

「最近、課長が私のこと、無視してるんじゃないかって思うんだけど……」

たとえそのとき、「それは考えすぎだよ」と言いたくなる気持ちを感じても、その気持ちを感じたままにしておきます。放っておくのです。ただ放っておいて、相手の気持ちを受け取ることに注意を戻します。心を自由にして、リラックスさせておきます。そして、自分がどう言いたいか、どう反応したいか、という観点を棄てて、相手の気持ちをただ感じ取ることに純粋に注意を向けてみるのです。相手の表情や、声、姿勢、視線の投げ方などにも注意を向けてみてください。そうしたものすべてに注意を向けながら、ただ感じることを、感じられるままに感じてみましょう。

それが「自覚的に共感する」作業です。共感を味わい、深めていく作業です。共感はそこに注意を向けられ、味わわれることで、深められます。

この場合であれば、話し手は〃課長から無視されていると思っている〃ということですから、何か不安や心細さが伝わってくるかもしれません。もしかすると、怒りがあるかもしれません。あるいは、淋しさや傷つきがあるかもしれません。惨めさがあるかもしれません。たとえ注意を向けなくても、こうした感情は潜在的には聴き手に伝わっており、感じられていると言えるでしょう。しかしそれは感じられていて、感じられていないのです。非常に不確かな感覚です。注意を向けられて初めて、しっかりとした共感になるのです。

7 自分の意見は脇に置く

相手の言っていることに同意できるかできないかは、差しあたり、置いておきます。もちろん、最終的には、そういうことがまったく無意味だということにはならないでしょう。ただ、もし今あなたが相手に共感することを目指しているのなら、相手の言っていることにあなたが同意できるかできないかは、どうでもいいことです。

共感するという作業にとって、自分の意見は関係ないのです。それが、「相手のための時間」ということであり、「相手中心」ということです。

あなたから見れば、「この人の考えは未熟だ」「この人の考えは明らかにおかしい」「この人の考え方は、どう考えても破壊的だ」などといったことはあるでしょう。それでも、差しあたり、そのことは脇に置いておきます。相手がどのような思いを持ち、どのような気持ちでいて、どのような考えをしているのか、相手ができるだけ自由に、安心して、のびのびと話せるように、相手の思いをありのままに受けとめていくのです。

　あなたは「共感できないなぁ」と思うかもしれません。それでもいいのです。その思いが心に浮かぶのを感じながら、放っておきましょう。その思いを我慢してぎゅーっと押し込めるのではありません。ただ、心に浮かぶままに放っておくのです。そうして、相手が何を思い、何を感じ、何を考えているのかを、聴いていきます。そうしているうちに、いつか、「ああ、この人はこんなふうに思っていたのか」「こういうふうに考えていたらこういう気持ちになるのも当然だな」「こういう思いで入社したのならミーティングでこういう発言をするのも仕方がないな」などと、相手の立場に立って理解できるようになってくるかもしれません。相手の気持ちがなんとなく感じられるようになるかもしれません。そして、いつのまにか相手に共感できるようになっている自分に気づくかもしれません。

　実際、共感できない自分の思いを放っておく心構えができれば、必ずそうなります。あなたは共感しようと努力する必要は少しもありません。ただ、いつの間にか共感している自分に気がつくだけです。人の心は、そうなるようにできているのです。

　あなたの「意見」が相手にとって重要なものになるのは、そこからです。共感が成立した、その後からです。そのとき、あなたの「意見」は相手にとって考慮すべき重要なものとなるのです。

7 自分の意見は脇に置く

たとえ相手が思い詰めて「死にたい」と言ったとしても、「そんなこと言っちゃダメ」とか「死ぬのは卑怯者がすることだ」とか「親御さんが悲しむぞ」とか、即座にあなたの意見を述べて相手を説得しようとしないことです。

たとえ相手が「課長の○○の件をマスコミに流してやる！」と叫んでいるとしても、「馬鹿なことはやめろ」とか「そんなことしてもお前がつぶされるだけだ」とか「名誉毀損で逆に訴えられるぞ」とか、即座にあなたの意見を述べて相手を説得しようとしないことです。

たとえ相手が「みんな私のことを嫌ってるんです」と暗く嘆いているとしても、「そんなことないよ」とか「思い違いだよ」とか「それはあなたが壁を作ってみんなを寄せ付けないせいじゃないの」とか、即座にあなたの意見を述べて相手を説得しようとしないことです。

差しあたり、あなたの意見は脇に置いておいて、「どういうこと？　詳しく話してみて」と促してみるのです。

私たちは、「自分の視点」を離れることがなかなかできません。そして、ついつい「それは正しいことだ」「それは間違ったことだ」「それはやめたほうがいい」「それはいいことだ」「それはおかしい」「それは素晴らしい」などなど、自分の視点から評価したり判断したりしてしまいがちです。そこから離れることはとても難しいのです。

そのような評価や判断の活動を止めることが必要だと言っているわけではありません。人間のアタマはどうしても勝手にそういう活動をしてしまうくせがあるようで、それを止めることはとても難しいことです。それでも、そういうアタマの活動を放っておくことなら、心がけ次第である程度は可能だと思います。

自分自身の評価や判断から離れ、それを放っておきましょう。そうして、ひたすら相手に注意を置き続けるのです。

そのように相手に注意を置いているときに感じられるもの、それが共感です。

8 共感する気持ちを表現する

これまでのところで、共感においては、「相手と一緒にいながら感じられることに注意を向けること」「心の内からわき起こってくる衝動に駆られて反射的に行動してしまわず、感じられることに注意を向けること」が重要だと述べてきました。

けれども、もし共感をそれだけだと思ってしまうなら、一面的にすぎることになってしまいます。ここで、共感の別の面についてお話ししておきたいと思います。

駅のホームから誰かが転落したとき、電車が近づいてくるにもかかわらず、とっさにホームから線路に飛び降りて命がけで助けた人がいたとテレビで報道されていました。その人は、「思わず身体が動いたのだ」と言っていました。

海や川で誰かが溺れそうになっているのを見て、やはりとっさに飛び込んで助けた人についての話も、新聞記事で何度か読んだことがあります。

これほどの命がけの救出劇でなくとも、道を歩いていて前を行く人が突然よろめいたのを見て、とっさに身体が動いて気がついたらその人を支えていた、というようなエピソードなら、みなさんも身近で見聞きすることがあるかもしれません。

最近では、大きな地震や津波などの災害があったとき、たくさんのボランティアが駆けつけるようになりました。これらの人たちにしても、「何かしてあげたい」「自分にできることはないか」といった思いに突き動かされて居ても立ってもいられず、ボランティアセンターに駆けつけて登録した、というようなことなのだと思います。

これらのとっさの行為は、共感的なアクションだと言えるでしょう。相手とつながる温かい思い、相手の痛みを受けとめようとする心に突き動かされたものです。このようなときに、「私はホームに飛び降りて助けたい衝動を感じている」と、ただ感じるままにして放っておくのが共感だ、などという人がいるとすれば、それは行きすぎです。共感とは、他者とのつながりであり、結びつきであり、温かな交流をもたらすものです。他者のためのものです。あるいは、他者のためも自己のためもなく、一体感を持ったつながりのためのものです。さきほど述べたようなとっさのアクションは、こうした性質のものであることは明らかです。

こんなふうに、共感とはただ感じるだけのものではなく、力強いアクションの形をとること

8　共感する気持ちを表現する

もあるのです。共感がアクションとしての形をとろうとしているときに、それを恐れる気持ちが生じることは理解できます。ただ、それをいたずらに恐れることはないということです。また、〝手段〟と〝目的〟を取り違えてはいけない、ということにも注意を喚起しておきたいと思います。自分の中に感じられることに注意を向けて、衝動的にすぐに行動に表さずじっくり感じてみる、そうして放っておくというのは、共感を深め、鍛えていくための手段なのです。共感を妨げるものに気づくように、共感的なスタンスに立ち戻れるように、そのための手段なのです。ところが、いつの間にか放っておくこと自体が目的のようになってしまい、共感的な思いまでをも放っておくようになってしまうとしたら、まったくの本末転倒です。

多くの人が、とりわけ臨床心理学やカウンセリング心理学を学んできた多くの人が、共感を受動的なものだと勘違いしています。たしかに、共感の中核部分は〝感じる〟ことにあり、「ただ感じられることを感じられるままに受け取る」という意味では、受動的なものです。しかし、共感は決してそこで終わるものではありません。感じられたものは、〝表現される〟必要があります。〝伝えられる〟必要があります。

共感の中核的な面、とりわけ初期の面は感じることにあります。けれども、ひとたび感じたものがはっきりしたら、それをどう表現するかということが大事になってきます。これは共感の能動的で積極的な面です。これもまた受動的な面と同じくらい重要です。世の中には、豊かに感じてさえいれば、必然的に自動的に豊かに表現されると思っている人もいるようですが、そんな保証はどこにもありません。

せっかくいろいろなことを豊かに感じているのに、心の中にしまい込んで、相手にほとんど何も伝えようとしないばかりか、むしろ積極的に伝わらないようにしている人もいます。自分の感性に自信がなく、自分の想いが相手に伝わってしまうと相手が気を悪くするのではないかと恐れているのです。

一生懸命やっている人の姿を見て、「いいな」と思ったのに、そういう気持ちを表現するのは恥ずかしいから、隠している人もいます。叱られている人を見て、叱っている人に「それは言いすぎだろう」と思ったのに、勇気がなくて言えず、そうしたこと全部を心の中にしまい込んで、誰にも言わないでいる人もいます。

こうした人たちは、ある意味では共感していますが、別の意味では共感していません。その共感は、まだまだ成熟したものではなく、ことに「表現」という面で開発される余地を残しています。こうした人たちがその共感を表現するには、思い切って表現する勇気や、表現したいという情熱が喚起されることが必要なのかもしれません。また、表現する相手への信頼感が必要なのかもしれません。

8 共感する気持ちを表現する

もしかすると、こうした人たちには、「表現する技術」が不足しているためにうまく伝わらず、ますます表現することが怖くなってしまうという歴史があったのかもしれません。表現の技術が不足し、表現から退却すると、表現する勇気は育ちません。表現したいという情熱も育ちません。表現しても大丈夫だという信頼感も育ちません。

そういう悪循環は非常にしばしば見られます。

後のほうの章で、共感を豊かに表現するために、表情、姿勢、視線、声、ジェスチャーなどをどのように効果的に使用できるか、あらためて考えてみたいと思います。従来、こうしたことは、共感とは別の話題だと考えられてきたかもしれません。しかし、私は共感の技術を磨き、深めるためには、こうした考察がとても重要だと思っています。

表情や姿勢、視線、声、ジェスチャーなどの効果的な使用は、演劇学校やコミュニケーション教室などで教えるような内容です。そんな「わざとらしい」「芝居がかった」ものは共感ではないと言う人もいるかもしれませんが、私は、これらは共感を豊かに表現していくために必要な基礎技術だと考えています。

技術というのは、ある意味、わざとらしいものです。自然状態で放っておいて誰でも身につくわけではないものですから。もちろんなかには、人間関係で揉まれるうちに、教えられないままにそれらが自然に身についていく勘のいい人もおられます。技術と言ってもその程度のものではあります。しかし、多くの人にとって、これを身につけることは、あるいは、自分には身についていないと気づくことさえ、とても難しいのです。

9 経験と訓練によって獲得されるもの

共感は、天賦の才ではありませんし、単なるひらめきでもありません。素質や才能が関係しているかもしれませんが、それだけではないことは確かです。共感は訓練や経験によって開発することのできる技術でもあるのです。

ですから、ある日、突然、降ってわいたように身についていたというようなことはありえません。生まれながらに身に備わっていたというようなこともないでしょう。もしそのように見える場合があるとすれば、幼少期からの豊かな家族経験や生活経験の中で、自然と訓練されてきたのです。

以下、この章は、少しむずかしい説明が多くなるかもしれませんが、「共感」という目に見えないものをより深く理解するために、しばらくお付き合いください。

共感の能力は、まずは自分が人から共感される経験によって身についていきます。誰かから共感されることが基本です。思春期以降であれば、自分自身が自分の心に対して「共感的な目」を向けていくことも重要です。できるだけ幅広い他者に対して「共感的な態度」で接していくことも訓練になります。

誰かに共感するためには、先入観に縛られずに相手をよく見る〝観察力〟、相手の立場だったらどう感じるだろうかと想像する〝想像力〟、自分が感じていることに注意を向けて感じ続ける〝注意のコントロール力〟、感じたことを表現する〝表現力〟が必要です。相手の気持ちや思いに対する関心ももちろん必要でしょう。自分の感じたことを表現するには勇気や思い切りが必要かもしれません。表現してもきっと相手に受け取ってもらえるだろうという信頼感も必要かもしれません。こうした作業をずっと関わりの中で抱えていくのが共感ですから、根気強さも必要でしょう。

そういうわけなので、ことはそう簡単ではありません。身近な人に対しても、人はなかなか共感できないものです。むしろ、身近な人にこそ、なかなか共感できないとも言えます。

今、「なかなか共感できない」と述べましたが、本来、共感はできるかできないか、白か黒かといった性質のものではありません。「共感できていないな」と残念に思う気持ちが感じられれば、そのときその人はすでに共感のスタート地点にいると言えます。

共感は、深めていくプロセスなのです。オンかオフかといったものではありません。感じられている感情の内容の問題というよりは、関わり方の問題、関わり手の注意の向け方や態度の問題なのです。

私たちはしばしば「Aさんは共感の能力が高い」とか、「Bさんは共感の能力が低い」とか言います。けれども、共感は常に話し手と聴き手、二人の間の共同作業です。Aさんが相手と共感できるかどうかは、相手のあり方にもよります。ですので、そうした文脈から切り離してAさん個人の共感能力を云々するというのは、少々乱暴な話なのです。

しかしそれでも、平均的な共感能力というものはあるのではないかと言う人もおられるかもしれません。「Aさんが人と関わるときの共感の平均値を、Aさんの共感能力と言っていいのではないか」ということです。たしかに一つの目安としての便宜的な意味はあるかもしれません。本書でもそのような便宜的な意味で、共感の能力について言及することもあるかと思います。しかしこれはあくまで便宜的な表現にすぎないということに注意しておいていただきたいと思います。

というのも、こうした考え方に沿って、「Aさんは平均的な共感能力が高く、Bさんは平均的な共感能力が低い」と言えるような場合でも、特定のXさんとの間では、AさんはどうにもうまくRPG共感できず、Bさんはとても容易に共感できる、というようなことがいくらでもあるからです。あくまでも相手との共同作業だということです。

人に共感する能力は基本的には誰にでもあります。ただ、「注意の向け方」の問題として、その能力が活かされない、開発されない、ということがあるだけです。物心がついてこの方、人に対してこうした注意の向け方を、ほとんどまったくしてこなかったような人もしばしばいると思います。私たちは、共感に必要な注意の向け方をほとんどしない習慣を何十年にもわたって根付かせてきた人のことを、「共感の能力が低い人」と呼んでいるだけなのだと言えるかもしれません。

「感じる能力の開発」という面では、ワインの味を味わい分けるソムリエと似ているところがあるのではないかと思います。ソムリエは繊細に注意を向けて味わうことで、豊かな感受性を開発するのです。

また、内面に注意を向けて感じながら生き生きと表現する能力の開発という面では、音楽の世界で「音楽性」と呼ばれているものの開発ととてもよく似ていると思います。誰にでも歌心はあります。ですが、演奏技術は素晴らしいし譜面通りに完璧に演奏しているのに、心に響かない演奏があるというのも事実です。共感の場合で言えば、言葉はとても適切なのに、どうも心が通わないことがあるのと同じです。

おそらく音楽性を開発するには、内面の歌心に常に注意を向け、それを感じ、それを表現したいという思いに身を委ねながら、演奏技術を自由に操って生き生きと力強く表現していくことが必要なのでしょう。感じながら、感じている自分と、表現する自分とを一つにしていくことが必要なのでしょう。

共感の開発も同じです。相手の話を聴きながら、感じられることに注意を向け、それを繊細に感じ取り、それとのつながりを維持しながら、表現したいことを生き生きと力強く表現していく。そのとき、感じている自分が、即、表現している自分でもある、という状態になっている。共感が深まっているときには、そういうことが起きているのだと思います。

10 価値判断をしない――受容するということ

「共感」は、常に「受容」とセットで実践されます。

「受容」とは、ありのままを認めること。相手のありようをありのままに受け容れることです。どんなに不合理だと思えても、間違っていると思えても、相手の思いや気持ちを、そのままに、ありのままに、受け容れることです。

自分に対しても同じです。自分のありようをありのままに受け容れます。どんなに嫌な自分だと思えても、どんなに恥ずかしい自分だと思えても、自分の思いや気持ちを、そのままに、ありのままに、受け容れます。それが受容的な態度です。

このような態度の実現のためには、力みを抜くことが大事です。無駄な力を抜く。身体のどこかにこわばりがあることや、肩に力が入っていることは、何かを受容できていないことのサインかもしれません。まずはそれに気がつくことが大事です。気がついたら、息を吐きながら、力みを抜いていきましょう。少しずつ。

10 価値判断をしない

受容はしばしば、現状肯定だと誤解されます。ありのままを受け容れるとか、ありのままを認めるとかいうのは「ありのままでいい」と価値判断することではありません。受容に価値判断は含まれません。ただ「現状はこうなのだ」と力まず穏やかに認識するというだけです。

たとえば、学校に行かずに部屋にひきこもっている青年のことを考えてみましょう。彼は学校の話題を持ち出そうとすると、黙り込みます。彼は学校の話題には触れてほしくないのです。一九八〇年代ごろまででしたら、親にしても先生にしても、無理矢理にでも学校に連れて行くような関わりをすることもしばしばあったかと思います。このような関わりにもいろいろなヴァリエーションがあり、一概にすべてを否定することはできないとも思いますが、私が見聞した範囲では、暴力的で不適切な関わりも多かったことと推測します。

ところが、一九八〇年代ごろから、学校や社会にカウンセリングの考え方が浸透するようになるにつれ、今度は子どもの気持ちを「受容」することが大事だという考え方が強くなってきました。そうして、学校に行きたくないという気持ちや、学校に行くのが恐いという気持ちが「受容」されることが一般的となってきました。つまり、それでいい、学校に行かないでもいいと、現状のありのままを価値判断的に肯定されるようになったのです。

しかしこれは、本来、カウンセリング心理学で言う「受容」とはまったく違うものです。このようにカウンセリングにおける受容が皮相なやり方で誤解されてきたことが、ここ数十年、ひきこもりやニートの青年や成人が増加してきたことの背景要因の一つなのではないかと私は考えています。

その青年のことを本気で気づかっている家族や友人は、学校に行っていない現状にとても気を揉むことだろうと思います。いくら彼がそのことについて話したがらないとしても、彼の様子を身近で見ていれば、いろんな思いが伝わってくることでしょう。学校に行きたいという思い、行かなくちゃという焦り、これからどうなるんだろうという不安、自分は怠けてるだけなのじゃないかという自己疑惑、今日も逃避的に一日を過ごしてしまったという自責感、もうどうでもいいやといった投げやりな気持ち、誰か助けてくれという気持ち、などなど。

これらすべてを、価値判断を留保した態度で、そのままに、ありのままに受けとめる態度が受容であり、そこで感じられることに注意を向けて感じ取ることが共感なのです。

受容と共感をこのように正しく理解すれば、たとえ本人が話したがらなくとも、慎重な配慮を伴いながらも、少しおせっかいな姿勢でもって本人に接していくことも、当然、ありうる選択肢なのです。というのも、このような状況においては、本人の中にも、これではいけないという気持ちもあるからですし、嫌がりながらもなお助けを求める気持ちもあるからです。

青年は口では「話したくない」と言うかもしれません。あるいは最も表面に現れている態度では「話したくない」と伝えてくるかもしれません。けれども、周りの人たちには、すでに感じられているのではないでしょうか。その青年が「つらい」「どうしていいか分からない」「助けてほしい」と感じているだろうことが。人間の心は複雑であり、矛盾や葛藤を孕んでいます。共感は、単に言語的なものではありません。何よりもまず感じられることが重要です。

もしかすると、周りの人も、単にどう話しかけていいのか分からないだけなのかもしれません。心配しているのなら「心配している」と伝えてみましょう。気持ちを聞かせてほしいのなら「気持ちを聞かせてほしい」と伝えてみましょう。「もし話すのがしんどいのなら、三分だけでいいから話そう」と伝えてみましょう。「これ以上話すのがしんどいと思ったら、いつでもタオルを投げてくれ、そうしたらすぐに止めるから」とルールを決めておいてもいいでしょう。そして必ず約束を守ってください。少しうまく話ができたからといって、延長したりしないでください。そんなことをしたら、信頼関係が台無しになります。

「受容」を正しく理解すれば、そのような関わりへの扉が開かれます。その扉を開けば、いろいろな困難に出会うかもしれません。けれども、その中で共感は確実に深まっていくことでしょう。

11 何が変化を促すのか

もしあなたが関わっている相手が、何か困難を抱えて悩んでいて、あなたに相談しているのであれば、まずその人をありのままに受容することがとても重要です。しかし、それだけでは足りません。その人は現状において何か問題があると感じ、〝変化〟が必要だと感じているからこそ、あなたに相談しているのです。ですから、その人のありのままを受容すると同時に、変化をサポートする必要があります。その人に変化を促すような働きかけをすることが必要です。

一見すると、相手のありのままを受容することと、相手に変化を促すこととは、正反対のことのように思えます。専門的な悩み相談であるカウンセリングは、しばしば、二頭立ての馬車だと言われます。「受容」と「変化促進」という二頭の馬をうまく操ることがカウンセラーの仕事なのです。あるいは、カウンセリングは玉乗りや綱渡りのようなものだと言うこともでき

11 何が変化を促すのか

ます。ここで、この正反対の仕事の間でうまくバランスをとるカウンセラーのやり方の一端をお伝えできればと思います。

実際には、受容と変化促進は、さほど正反対の仕事ではありません。ありのままの受容が変化を促進することは実に多いからです。ありのままを受容することが変化促進のための基礎であると言えます。

共感は受容とセットで論じられることが多いですが、変化促進のパートナーでもあります。共感こそ、変化を促進する最大の力なのです。

そもそも、共感できないような相手に、うまく変化を生み出せるものでしょうか？ その可能性は低いでしょう。〝共感してもらえた〟という体験が、それ自体で変化をもたらすこともあります。それだけ共感には変化促進力があるのです。

しかし、通常、変化促進は、共感の後に来るものであり、共感とは別のものです。たとえば、学校へ行くのが恐いと言っている青年がいるとします。その青年と関わっている人が、青年の恐い感じを受容し、その感じに共感することができるなら、その青年はほっとするでしょう。関わっている人が、単に頭で、知的に、言葉の上で「恐怖感があるのだろう」と理解するだけではなく、そう話す青年の声や素振りや表情などから恐さを感じ取るようにして話を聴いていくことで、その青年はほっとすることでしょう。

しかし、関わり手が恐さに共感して、一緒になって「恐いね」と言っているだけでは、青年は決して救われません。さしあたりほっとするだけです。共感があって、その後に何も生じないのであれば、青年は落胆することでしょう。青年にとって、恐さを共感してくれた上で、その恐さをどう乗り越えていくかを一緒に考えてくれる人が必要なのです。共感は、その作業のための必須の礎石となるものではありますが、その作業に代わるものではありません。

話し手が「友達がいなくて淋しい」と言うのであれば、聴き手は淋しさに共感するとともに、どうやって友達を作っていくかを一緒に考え、そこに取り組むよう働きかけることが必要です。

受験生の話し手が「あせって必死に勉強することが止められなくてつらい」と言うのであれば、聴き手は話し手の不安に共感するとともに、何が話し手を不安にさせているのか、不安の源を探るように話を聴いていくことが必要です。そしてその不安を効果的に乗り越える、あるいは緩和する道筋を話し手と一緒に探していくことが必要です。そして話し手が勉強以外の有意義な活動に楽しんで取り組めるよう、一緒に具体的に考えていくことが必要です。

共感は終着点ではありません。共感が生じれば、それにふさわしいアクションが力強く呼び起こされます。困っている人に真に共感すれば、助ける行動が呼び覚まされるはずです。聴き手がかわいそうな話し手に代わって問題を解決してあげるべきだ、と言っているのではありません。ほとんどの心の苦痛は、本人にしか解決できないものです。不安を克服できるのは本人だけです。孤独を克服できるのは本人だけです。恥ずかしさを克服できるのは本人だけです。そうした感情を抱えた上で、どう生きるかの問題だからです。

しかし本人にしか解決できないことだから、一人で取り組ませておけ、というのはあまりに冷酷な姿勢だと言えます。一人ではできないことを、一緒に考えてくれる人が必要なのです。たいていは正解などない道のりです。人生の問題ですから。一人ひとり、状況も、条件も違います。誰も正解を教えてあげることなどできません。結局は自分で答えを出すしかありません。ですが、それを踏まえた上で、一緒になって悩んでくれ、孤独な道のりを共に歩んでくれる人が必要なのです。

喜ばしいことや、楽しいことならともかく、苦しいことやつらいことについて、共感して終わり、というのは不自然です。悔しいけれど、事実上、何もできないということはあります。しかし、最初から計画的に、共感すること自体を最終目標として掲げるような援助計画は、私には理解不能です。せっかく共感するところまで到達したのなら、それを土台として、その苦悩を何とか違ったようにできないか、一緒に具体的に考えていく援助が出てくるのが自然だと思います。

なにも特別に高度な援助の話をしているのではありません。専門的な知識も技術も要りません。「一緒に考えよう」、ただそれだけのことです。

「受容」「共感」「変化促進」、この三つは、相互に手に手を取り合ってらせん状に深まっていくものです。

通常、受容と共感があって、変化の促進が可能になります。場合によっては、受容と共感があると、自然に変化が生じてくることもあります。そしてこの変化が、新しい展開を生じさせ、さらなる共感を呼び起こします。初期のプロセスにおいては、確かに受容と共感があって、初めて変化が起きるという順序であることが普通ですが、いったんこのプロセスが動き始めれば、もはやこの三つは互いに互いを呼び合い、展開していくものです。

狭い意味で共感を捉えるときには、共感は相手の視点をとりながらありのままに感じるという受動的なプロセスを意味しています。伝統的に共感はそのような意味で用いられることが多かったと思います。しかし実際に「共感が働く」とき、それはすぐさま表現されます。たとえ共感している人がまったく意図していなくても、自覚していなくても、表現されます。表現され、伝わってしまうのです。そして、その表現が力強く確かなものであればあるほど、その共感は相手に対する「働きかけ」となります。そのとき、共感は単に受動的なものではなく、能動的で変化促進的な働きかけとなっていきます。

たとえば、不安に怯えている人がいるとしましょう。あなたがその人を前にして感じ取ったことをそのまま口にして「とっても不安なんだね」と言うとすれば、その一言は、当然、ただの棒読みのセリフではないでしょう。それがまさに共感的なものであるならば、その声、表情、視線、姿勢などを通して、おのずと何かが相手に伝わることでしょう。そのとき、相手は深くうなずき、涙を流すことさえあるかもしれません。決してその一言でその人の不安が消えてなくなるわけではありませんが、その人は自分の不安が理解されたと実感するでしょう。そのとき、その人の中でその不安の意味合いが変化します。そして、そのことがさらなる変化を呼び起こしていくのです。

たしかに共感は受動的に感じられるものからスタートします。けれども、共感は生きて動き出すものです。そうなるともはや、受容、共感、変化促進という区別は、とても人為的で便宜的なものと感じられます。実際に生きて動いている共感はそんな区別におとなしく従っていてくれるものではないのです。

ですから、広い意味で共感を捉えると、共感はこうしたプロセスのすべてを指すものということになるでしょう。

12 ネガティブな感情とどう取り組むか

受容や共感を大事にする文化においては、しばしば感情を大事にすることが強調されてきました。しかし、「感情を大事にする」ことは、感情に溺れることや、感情の言いなりになること、感情に支配されることではありません。そこが、しばしば混同されてきたような気がします。

共感は、確かに感情に注目し、感情を大事にします。それというのも、感情がとても強力なものだと知っているからです。感情は知性で単純に制御することが難しいものです。理屈では分かっていても感情は止まりません。感情がそれほど強いものであり、人生を動かしている大きな力であるという認識があるからこそ、感情を重視しているのです。だから、そんな感情とどう付き合うかが重要になってきます。受容や共感を大事にしていく上で、感情との付き合い方についてよく考えておくことが重要です。

恐い、恥ずかしい、淋しい、腹が立つ、などなどは、不快な感情ではありますが、単に取り除かれればよいもの、存在しなければよいものではありません。それらが一切存在しない理想の人生があると考えるのは間違いで、それらには存在する理由があるのです。どんなに恵まれた人生でも、恐いことはありますし、恥ずかしいこと、淋しいこと、腹が立つことはあります。むしろそういう感情があることが豊かな人生だとさえ言えます。この世にオギャーと生まれてきたからには、恐いこと、恥ずかしいこと、淋しいこと、腹が立つことなどを存分に味わい、だからどう生きるのか、自分なりに答えを出す、そんなふうに生きたいものです。そういうことがほとんどないままに人生を終えるとしたら、味気ない人生だと思います。そういう感情を豊かに味わった上で、よりよく生きようと試行錯誤するのが豊かな人生だと言えます。

けれども、私たちはしばしばそうした感情の体験自体を恐れ、避けようとしてしまいます。あまりにも激しい不快な感情にいきなりさらされると、反射的に恐さが勝ってしまい、それを体験するどころではない状態になり、じたばたしてしまうのです。不運にも、あるいは不当にも、そうした感情が激しく強く喚起されるような状況にいきなり突き落とされてしまうこともあります。それはまるで水に対する何らの心構えも対処法も身につけていないうちに、水の中にいきなり突き落とされるようなものだと言えるでしょう。

水に溺れている人が水をじっくり楽しめない状態にあるのと同じで、感情に溺れている人は感情をじっくり味わえない状態にあります。不快な感情に襲われて、そこから逃れようとじたばたもがき、あっぷあっぷしているのです。そういうとき、人はしばしば、そうした感情を感じることを自分に許したら大変なことになると思っていたり、そうした感情を感じることはそれ自体が恥ずかしいことだと感じていたり、人間として欠陥がある証拠だと考えていたりします。

そうした場合、その感情は単に不快なものということを超えて、不当なものと見なされているかもしれません。「みんなはそういう感情を感じることなく平穏な人生を生きている」「自分だけがこんな不快な感情を味わわされている」「こんな感情を味わうことのない恵まれた人生がある一方で、こんな感情を味わわさせられる屈辱的でみじめで不運な人生がある」。そんなふうな見方になっていくかもしれません。

このような見方は、その感情の体験を拒否する姿勢を導き、それによってその状況をかえって持続させ、悪化させてしまうでしょう。

不快な感情、マイナスの感情、否定的な感情も、それ自体は何ら悪いものではありません。それを感じることがそれ自体で健康を害したり、アタマをおかしくさせたり、心を破壊したりすることはありません。むしろ、そうした感情を感じてしまうと破壊的な結果になると信じ、死にものぐるいでそうした感情を避けよう、なくそう、減らそうとすることが、結局は破壊的な結果をもたらしてしまうのです。

人前に出ると不安になる人が、人前に出る機会を極力避けることで不安を引き下げようとしたり、なくそうとしたりする。「淋しいと感じるのは自分がダメな証拠だ」と信じている人が、淋しいと感じる余地のない完璧に親密な関係を特別な誰かとの間に作り上げようと必死になる。心細くても誰かに頼りたいと感じることは情けないことだと信じている人が、何でも一人でしっかり準備し完璧に自立した人間を目指す。職場に行くと腹が立つ人が、腹立ちを避けるために仕事をやめてしまう。こうしたことは、差しあたりは不快な感情を緩和するかもしれませんが、長期的には事態をより深刻にしてしまいます。

人が生きていく上で、不安も淋しさも依存心も怒りも、程度の違いこそあれ、誰だって体験することがあるでしょう。それは生きていくことそのものだと言ってもいいものです。それらの体験を避けることは十全に生きることを避けることだとも言えます。

そして、何よりも重要なことは、こうした感情の体験を避けることが、結局はその感情をさらに増幅してしまい、ますます避けたくなるものにさせてしまうということです。つまりこれは悪循環になってしまうのです。

ひとたび、そうした感情は人生の当然の一部なのだと認めてしまえば、最初はとても強烈で疲れるかもしれませんが、そうした感情を低下させていくためのより現実的な取り組みに目を向けることができるようになります。そして、その取り組みができるようになるにつれ、そうした感情は着実に和らいでいきます。

人前に出る機会を避け続けていれば、現実に対人スキルが育たず、ますます人前に出るのが恐くなります。人前に出る練習を少しずつでも始めることで、不安は低下していきます。最初はイメージすることからでもいいのです。現実に取り組むことで、不安は低下するのです。

淋しいと感じることを自分に安心して許すとき、その人はもっと自由に多くの人と親しくなるための関わりができるようになります。それまでのように、淋しく感じる自分を他者からも自分からも隠す必要はないからです。また、特別な誰かとの間でも、不完全な親密さをありのままに享受できるようになります。そうした現実の人間関係の変化が淋しさを和らげていきます。

誰かに頼りたいと感じることを自然なこととして受け容れることで、自分の中の依存の欲求をどうするのかを真剣に考える道が拓かれます。必要な時には援助を求める行動を取ることができるようになれば、そうした行動の結果、頼りたい気持ちは現実に和らぎます。依存の欲求が現実に満たされるからです。満たそうと思えばいつでも満たすことができるのだと分かれば、欲求は和らぎます。

職場で怒りを感じることがあるのなら、その思いを怒鳴り散らしたり、暴力に訴えたりするのではなく、少しずつでも周囲に受け入れられるようなやり方で表現するよう工夫していくことです。親しい誰かに相談し、怒りについて話してみましょう。怒りのもとにある現実の問題に取り組みましょう。不正や不合理があるのなら、それについて考えていく仲間を作り、みんなで考えましょう。そうした問題は、すぐには解決しないものも多いでしょう。けれども、本当にしっかり話し合い、取り組んでいくことができれば、怒りはずいぶん抱えやすくなるはずです。それでも問題が本当に解決しない限り、怒りはなくならないでしょう。それはなくしてはいけない怒りです。その怒りは、問題を解決していく活動のための創造的なエネルギーに変換されるべきものなのです。

　感情を安心してじっくりと味わうことができないこと。感情を体験することそれ自体を恐れたり、致命的なことと見なしたり、恥ずべきことと感じたりしていること。そうしたことが問題です。感情を体験することそれ自体は、不快ではあっても、何ら問題ではありません。

　感情を安心してじっくりと味わう。関わり手の共感はしばしばそれを助けます。

13

「悲しいんです」「悲しいんだね」
——共感と反射

カウンセリングでは、鏡が像を反射して返すように、相手が伝えてきたものを反射して返す応答の型を「反射」と呼んでいます。たとえば、「悲しいんです」に対して「悲しいんだね」というような感じです。非常にシンプルですが、実はこれがなかなか難しい技術なのです。何も付け加えず、単に反射して返すというのは、普通、人があまりしないことです。

たとえば、「俺、もうキャプテンやめたほうがいいんじゃないかな。もう限界だよ」と言っている男子高校生がいるとします。多くの人が「そんなこと言わずに、頑張れよ」と励ますのではないでしょうか。「どうして?」と理由を尋ねる人も多いでしょう。「やめることなんてないよ。お前はよくやってる。大丈夫だよ」と慰めようとする人もいるかもしれません。「そんなにつらいんだったらもうやめたらいいじゃないか。無理することないよ」とアドバイスする人もいるでしょう。「そういう気持ちになることもあるよね。分かるよ」と同情する人もいるでしょう。あるいは「馬鹿野郎！　そんなこと言うな！」と責める人もあるかもしれません。

こうした反応とは異なり、「もう限界だよ」と言っている人に対して「もう限界だっていう気がするんだね」と、ただそのまま返す反応が「反射」です。これは、普通の人の会話ではあまり出てこない反応だと思います。しかし、カウンセラーや心理療法家はこのような反応をよくします。もちろん、ひっきりなしに反射しながら聴くわけではありません。単純に機械的に反射をするわけでもありません。けれども、カウンセラーが相談に来た人の話を聴くときには、普通の人が会話の中で相手の話を聴くときには絶対にありえないような高い頻度で反射を用いて聴いています。

「もう限界だっていう気がするんだね」という言葉上の形式にあまり堅く縛られる必要はありません。「もう限界」とつぶやくのでも十分に反射です。「もう限界なのか。うんうん」といったものも十分に反射です。要するに、相手が言ったことをそのまま受け取り、しっかり受け取りましたよというメッセージを言外に伝えつつ、あらためて話し手の発言をおおよそそのまま相手に返す反応が反射です。

そこには、「もう限界だっていう気がするんだね（…どうぞ続けて…）」という促しのメッセージも暗に含まれています。聴き手は、余分な方向づけをせず、話し手が表現したことを足場にしてさらにそこから表現を発展させていくよう促しているのです。

「反射」を用いて傾聴されると、話し手は自分の話していることを自分でもかみしめるようにあらためて振り返りながら、さらに発展させて話していくことができます。聴き手がそのような傾聴の仕方を心がけていると、話し手から「話していていま気がついたんだけど」とか「言いながら、自分でもそう言っている自分に驚いた」とかいった言葉が出てくるようになることが多いです。

世間には「カウンセラーは話し手の言葉をオウム返しにしていればいいんだから楽な商売だ」などと言う人もいるようです。たしかにオウム返しを頻繁に用いるカウンセラーもいるでしょう。しかし、オウム返しもやりよう次第です。どこで、どのような声で、オウム返しをするかが重要なのです。

しかし、「反射」を単にオウム返しだと捉えるこうした誤解は、一部の極端な人たちだけのものではなく、かなり幅広く見受けられるもののようです。ですから、ここでは、「反射」という技術が単なるオウム返しではなく、いかに豊富なヴァリエーションを備えたものであるかをお話ししておきたいと思います。このことは共感とも深く関わることだからです。

話し手がか細い声で「もう頑張れない」と言っています。あなたならどう反射するでしょうか？「もう頑張れないんだね」でしょうか？それも悪くはありません。でも、もっと他の反射もありえます。たとえば「限界まで頑張ってきたんだね」と反射することができます。もう頑張れないということは、そこまでものすごく頑張ってきたということを意味しています。「もう頑張れない」と「限界まで頑張ってきた」とは意味している内容は同じです。「限界まで頑張ってきたんだね」というコメントは、話し手の言ったことに何も付け加えず、話し手が言ったことをそのまま反射したものです。けれども、「もう頑張れないんだね」と言うのと「限界まで頑張ってきたんだね」と言うのとでは、そこで伝えられるニュアンスにはかなり違いがあります。

「もう頑張れない」と言う人は、「頑張らなくてはならない」というように自分を追い立てる声が常に心の中に響いている人です。常に自分にむち打って頑張らせている人です。背景にあるその心の動きをその一言から感じ取り、反射にそのニュアンスを反映させることが肝心なのです。「限界まで頑張ってきたんだね」という反射の仕方にはそのニュアンスが反映されています。

話し手が切羽詰まった感じで「一度始めたことは途中でやめちゃいけないんですか？」と尋ねています。あなたならこれに対してどう反射するでしょうか？「一度辞めたことを途中でやめてもいいのかどうかが疑問なんだね」でしょうか？それも悪くはありません。けれども、たとえば次のように反射することもできるでしょう。「やめられるものならもうやめてしまいたいという気持ちなんですね」。話し手はそんなことを言ってないじゃないかと思われますか？ 確かにあからさまにそうは言っていません。しかし、私にはこの問いかけはそう言っているように聞こえます。

たとえば街頭演説で「果たしてこんないい加減なことが許されていいのでしょうか」と言っている人がいたとしたら、それは「こんないい加減なことが許されてよいわけがない」と主張しているのであって、疑問文の形式をとっていますが、実のところその人は疑問を投げかけているわけではありません。こうした表現形式を修辞疑問文と言いますが。先ほどの話し手の発言もこれと同じだと思います。話し手は「やめてもいいんだ」と主張したい、つまりやめたいのです。ですから、「やめてしまいたいという気持ちなんですね」というような反射もありうるのです。

アルコール依存症の人が投げやりな感じで「別にどうなってもいいんです」と言っています。あなたならどのように反射されるでしょうか？

たとえば、次のように反射することもできます。「休職になって、退職になって、失業になって、離婚になって、子どもに会えなくなって、肝臓病になって、入院になって、生活保護になってもいいんだ」。

このコメントは、話し手が言ったことをありのままに、具体的に描き出しただけで、特に何か別のことを付け加えたわけではありません。ですからこれも一つの反射です。ただ、この反射は、脅すように凄みのある口調で言ってはなりません。それだと反射にはなりません。聴き手が脅しのニュアンスを付け加えていますから。単に具体的に描き出すだけで、話し手個人は何も付け加えずにさらりと返してこそ反射です。そういう口調で言われてこそ、このコメントは真に反射としての本領を発揮するのです。そのとき、このコメントは、オウム返しの反射とはまったく違う迫力をもって話し手に迫るものとなるでしょう。

反射には、無限に多様なヴァリエーションがありえます。それは、同じことを表現するのにも無限の表現の仕方があるという当たり前のことが、反射の仕方においても言えるということです。

「オウム返し」は、反射の最も基本中の基本の型です。ですが、反射＝オウム返し、しかもかなり機械的で単純なオウム返しだと、非常に多くの人が誤解しています。もし反射がそんなふうに機械的で単純なものでしかないのなら、それは共感を助ける技術にはなりえません。

14 相手に気づきをもたらす関わり方

二〇代のT子さんは、男性との交際がうまくいかないことで悩んでいます。これまでに何度か関係の破綻を経験しているのですが、いつも同じようなパターンで終わってしまうのだと言います。私は、彼女が、今、付き合っている男性と、どんなふうに関わっているのかを具体的に聴いてみました。そうすると、彼女が、彼に「どうしてあなたはもっと私と一緒にいたいって思わないの？」と、しょっちゅう責めるような口調で言っていることが分かりました。

なぜT子さんはこんなふうに相手の男性を責めるのでしょうか？　当然、相手の男性ともっと一緒にいたいからでしょう。そして、相手の男性にも自分と同じように思ってほしいと願っているからでしょう。残念ながら、相手の男性が実際に彼女と一緒にいようとする時間は、彼女が期待しているよりも少なくて、彼女はそのことを不満に思い、相手を責めているのでしょう。私はそのように推察して、彼女に次のように言いました。

「あなたは、彼に『私はあなたともっと一緒にいたいよ』『もっと一緒にいようよ』って言いたいんじゃないかな。でもそう言うことは何か恥ずかしいのかな？　照れくさいとか？　それとも、自分が彼と一緒にいたいと感じていることは、あなたにとって率直には認めがたい感じがすることなのかな？」

T子さんは、このコメントによって、自分が誰かを真剣に好きになり始めるとき、怖さを感じることに気がつきました。その人と一緒にいたい気持ちを強く感じ始めると、その気持ちをコントロールできないような気がして、怖くなるのです。それは、あまりにも相手を好きになってしまい、自分のプライドを失ってしまうようで怖いという気持ちだと言います。また、相手が自分を好きな気持ち以上に自分が相手を好きになってしまうと、自分は相手の奴隷になってしまうのではないかという怖さだとも言いました。そういう怖さに駆り立てられて、ほぼ反射的に、その怖さを和らげるための行動を相手に迫っていたのです。それがつまり、もっと自分と会いたいと言うように迫ることです。

こうしたことを話し合った後、T子さんは穏やかなトーンで「『私はあなたともっと一緒にいたい』って彼に素直に言ったらいいんですね」と言いました。と同時に「でもなんだかそんなこと私が言ったら、大変なことが起こりそうな気がします。私がそんなこと言うなんて、怖いことが起こりそう。実際にはそんなことないんでしょうけど」と躊躇します。

『あなたともっと一緒にいたい』って素直に言ったらいいんだって気づいたんですね。それってあなたがこれまであんまり思ったことがなかったことですよね。あなたにとって、新しいこと、未知のこと、チャレンジですね。だからあなたがドキドキするのも当然だと思います。なので、ここで練習してみませんか？ 今、試しに言ってみましょう。ここに彼が座っていると思って。そしてそう言うことがあなたにとってどんな感じがすることなのか、実際に試してみて、教えてください」

「え～っ！ 言うんですかぁ!? ほんとに？ う～ん。……はあ。やってみます……やっぱり無理。……あなたともっと一緒にいたい（赤くなる）。きゃー、やっぱり言えません。恥ずかしいし、嫌だ。……でも……これが素直に言えたら嬉しいかも。言えるようになりたいです」

何度か話し合い、また練習を重ねるうちに、T子さんは実際に、付き合っている男性に対して「もっと一緒にいようよ」と言えるようになっていきました。相手の男性は彼女のこの言葉を歓迎し、純粋に喜んだようでした。というのも、これまで彼女からこうした素直な愛情表現の言葉が一切なく、逆に責める言葉ばかりを浴びせられ続けてきたことが、男性の気持ちを萎えさせていたからです。

この男性は、もともとT子さんともっと一緒にいたいという気持ちを強く持っていたのかもしれません。けれども、T子さんのほうがこのような接し方をしてくるので、次第に嫌気がさしてくるようになってしまっていたのです。このようなことはよくあります。

相手を好きになればなるほど苦しくなるので、その好きな相手を責め苛んでしまう。その結果、その相手は去って行ってしまう。好きな相手が去って行くと、もちろん悲しいのだけれども、それと同時に、苦しみから解放されるので、不思議とほっとする。

放っておくと同じパターンが何度でもくり返されてしまうかもしれません。誰かが共感的にその気持ちを汲み取り、そこに気づきをもたらすような関わりをしてくれない限り、そうした心の動きには自分ではなかなか気づけないものです。

この一連のやり取りの中で、T子さんは、聴き手の共感的なコメントの一部をモデルとして取り入れ、新しい行動のレパートリーに加えたということに注意してほしいと思います。「あなたは彼に『もっと一緒にいたいよ』って言いたいんじゃないかな」というコメントは、T子さんの気持ちを汲んだ共感的なコメントであると同時に、「あなたの気持ちはそういうやり方で表現することもできるんだよ。そういうやり方で表現してごらんよ」と示唆するコメントでもあります。このコメントがT子さんの心に響くとき、T子さんはこのコメントを取り入れ、新しい行動を試みるようになるのです。

このように、話し手に共感し、それを伝えることが、同時に、話し手に新しい行動を具体的に提示し、その行動を試みるよう暗に導くことにもなりうるのです。

15 すぐに分かろうとしない

カウンセリングを学び始めた人の指導をしていると、クライエントに共感できるかどうかが心配だという声をよく聞きます。

このような心配をする人は、おそらく「共感」を相手と同じ気持ちになることだと考えているのでしょう。あるいは、相手と情緒的な波長がぴったり合うことだと考えたり、相手との間に円滑で調和的なコミュニケーションが生じることだと考えているのかもしれません。

共感をそのように捉えれば、共感できるかどうか心配になるのは当然です。ですが実際は、よほどの幸せな巡り合わせでもない限り、そんなことはそうそう生じることではないのです。

こういう捉え方をすると、相手との間にギャップを感じたり、「分からない」という感じを抱いたりすれば、共感できていないということになってしまうでしょう。しかしそれは違います。ギャップの感じや「分からない」という感じをありのままに感じることは、すでに共感なのです。それは相手とつながろうとする姿勢の表れだからです。それは相手がどういう人なのか、何を思い、何を感じ、何を求めているのか、ということを手探りで探っていこうとする作業のスタートラインなのです。

M子さんは、大学二年生のころ、自分の夢は国際公務員になることだと目を輝かせて生き生きと語っていました。けれども、三年生になって、いざそうした仕事に就く可能性を広げる大きなチャンスが到来したとき、M子さんはそのチャンスに応募することをやめることにしたと言いました。彼女はその理由をいろいろと説明してくれましたが、どうもすっきりしない説明です。しかも、その説明のしかたはとてもくどくどしたもので、まるで自分自身を無理矢理納得させようとしているかのように聞こえました。

このとき私はM子さんの話を聴いていて、大事な夢を抑え込もうとしている彼女に対してカチンときている自分を感じました。そしてまた、「なぜだろう？　国際公務員になることが夢だってあんなに生き生きと語っていたじゃないか。なのにどうしてなんだろう？」という思いがわいてくるのを感じました。まさに「分からない」という思いです。こうした思いを感じながら、それらの思いを手放し、M子さんの話を聴きつつ、彼女の思いや気持ちを彼女の視点に立って理解しようとしてみました。そしてしばらく後に彼女の話が一段落ついたとき、ただシンプルに次のように尋ねてみました。

「あなたは、国際公務員になるという夢を叶える大きなチャンスをいざ目の前にしたとき、どんなことを感じたのでしょう?」

この問いかけに対して、M子さんはしばらく黙って考え込みました。そうしてしばらくの後、淋しげにポツリと次のように答えたのでした。「自信がなくて……怖くなって……」。そこから、どんなふうに自信がないのか、どんなふうに怖いのかを尋ねていくやり取りが始まったのです。

共感とは、このようにして深めて<u>いく</u>ものです。最初から相手の気持ちがピタリと分かる人などいません。分からなくていいのです。ギャップを感じていいのです。それを急いですぐに分かろう、ギャップをなくそうと焦らないことです。「分からない」「ギャップがある」という、その感覚を大事にします。「分からない」と分かったこと、「ギャップがある」と分かったこと、それがすでに接近の動きを作り出しています。だから、ただ関心を持ってそこに注目するだけでいいのです。

つまり、共感できないという感じをありのままに感じることができれば、それはすでに共感の始まりです。共感は何を感じたかの問題ではなく、相手との関わりの姿勢や注意の向け方の問題なのです。

16 「淋しいんですか?」と「淋しいんですね」

「そのとき、なんだかみんな私のことなんかどうでもいいんだなぁと思って。なんか胸の辺りがモヤモヤしてきちゃって」。こんなふうにしんみりした声で伏し目がちに話す人がいるとします。このとき、この話を聴いている人が、「淋しいんですか?」と言うのと「淋しいんですね」と言うのとでは、話し手が受ける印象はずいぶん違うと思います。

カウンセリングを学ぶ初心者の人に、話し手役と聴き手役とを決めて実習してもらうことがあります。そういうとき、さきほど挙げたような場面によく出くわします。傍で見ていて「淋しいんですね」のようなコメントをすればいいのになぁと思うところで、「淋しいんですか?」といった質問をする人が非常に多いのです。

そういう聴き手に、後から、「淋しいんですか」と訊いたポイントについて振り返ってもらうと、聴き手自身も話し手が淋しいのかどうか分からなかったから質問したというよりも、きっと「淋しいんだろうな」と思いながら質問したということが判明することがとても多いのです。そして「淋しいんだろうなとは思ったんだけれども、もし淋しいんですねと言って、違っていたらどうしようと思うと怖くて言えなかった」という感想を聞くことがよくあります。

このような振り返りの感想を聞くと、こういう聴き手は、共感を相手の感情をピタリと言い当てることだと考えているのだということが分かります。そして、はずしてしまうことを恐れているのです。

また、こういう聴き手は、初心者の自分は自信がないから「淋しいんですね」と言えないけれども、先生は自信があるから「淋しいんですね」と言えるんだと考えていることも多いです。私が「淋しいんですね」と言うとき、それは、当たっている自信があるからそう言っているわけでは決してありません。それは、私が話し手と一緒にいて感じた感覚を、話し手に伝えようとする冒険的な行為だと言えます。言わば挑戦であり賭けなのです。そして、話し手のために役立つと思うやり方で自分の感覚を用いる方法でもあります。

そもそも、人はどのようにして「淋しい」という言葉を覚えるのでしょうか?

「リンゴ」という言葉を覚える過程は比較的単純です。リンゴは目に見え、手にとって触れられる物体で、私もあなたも彼も彼女も一緒に認識できるものだからです。幼児の前にリンゴ

16 「淋しいんですか？」と「淋しいんですね」

を置いて何度も「リンゴ」と言ってやる。そうすると幼児も「リンゴ」と言うようになります。

けれども「淋しい」という言葉に関しては複雑です。「淋しい」という言葉が指しているものは、目に見えませんし、手にとって触ることもできません。私が淋しいときに、あなたも淋しいとは限りません。もし幼いころから私が淋しさを体験しているときに、くり返し「情けない奴だ」と言われて育ったとすれば、「淋しい」という言葉を覚えられるでしょうか？

「淋しい」という言葉を身につけるためには、その人が淋しいと感じている場面でぴったりと「淋しいね」とコメントされることが必要なのです。くり返しそう言われることで、「淋しい」という言葉を覚えてゆくのです。つまり、淋しいという言葉を、真に体験的な内実を伴うその人自身の言葉として覚えるには、くり返し共感されることが必要なのです。

「リンゴ」という言葉を知らない幼児といるときに、リンゴを前に「リンゴですか？」とは訊かないでしょう？「リンゴ」「リンゴだよ」「リンゴだね」などと言うと思います。リンゴという言葉を知らない幼児に、リンゴを前に、くり返し「リンゴですか？」「リンゴかな？」「リンゴ？」と尋ねれば、幼児は混乱してしまい、リンゴという言葉を覚えるのが遅れてしまうかもしれません。

それと同じように、淋しいような感じもするけれども、よく分からないような、なにかモヤモヤした感じを抱えている人に、「淋しいんですか？」と尋ねれば、よけいに分からなくなってしまうかもしれません。

もちろん、ほとんどの話し手は、「淋しい」「哀しい」「空しい」「嬉しい」「楽しい」など、感情を表現する言葉を子ども時代からの体験によって内実を伴いながら覚えてきたことでしょう。けれども、私の経験では、多くの健康な大人が、たとえ十分にそうした言葉を体験的な内実を伴いながら覚えてきたとしても、なお、語ろうとしている感情体験を他者から共感的にしっかりと受けとめられることを切実に求めているように思います。いくら大人になっても、人は感情体験については「リンゴ」の場合ほど単純に言葉にできるわけではなく、自分の体験と言葉の合致の具合に確証が持てないことも多いのです。

また、私が「淋しいんですね」とコメントするのは、話し手が淋しいという感情に触れるのを促進したいと思うからです。話し手が「淋しいんですよ」とか「淋しいなぁ」と素直に言えるような地点までガイドしたいと願うからです。話し手は、本当はそこに行きたいのじゃないのかなぁと思うからです。

残念ながら「淋しいんですか？」というコメントは、たった一文字違うだけなのですが、この目的にはまったく適しません。このコメントは、話し手に自分の感情をあらためて調べてみるような視点を発生させます。このコメントは、話し手に「私は淋しいんだろうか？」と内省させるよう誘導します。「これは淋しさなんだろうか？　どうなんだろうか？　こういうのを淋しいって言うんだろうか?」という検討が始まってしまいます。このとき話し手には、自分の体験との間に距離を取って、自分の体験を批判的に眺める構えが発生しています。これは、淋しさの体験に直に触れるのとは正反対の心の動きです。

17 言葉にされないものを聴き取る

相手の話していることを丁寧に聴くことは、もちろん大事です。でも、相手が話していないこと、話せないでいることを聴くことのほうがもっと大事です。さらに詳しく言えば、話されないように力みをもって避けられているものが何かを感じ取ることが大切だということです。話されないのですから、よく観察し、感じ取るしかありません。

たとえば、親から大事にされてこなかったという傷つきの体験を抱えている人がいるとしましょう。そしてその人が、過去の痛々しい体験を心の中で抑え込み、見ないようにして生活しているとしましょう。その人は遠い過去の記憶に気づかないよう生活しているわけですが、そのとき、その記憶と響き合うような現在の体験も、やはり同じように気づきから遠ざけられます。

このような、記憶や体験を制御する努力は、その人が心の中でしていることですから、外からは直接的にうかがい知ることはできません。けれどもこうした心の中の奮闘は、結局は現在

17 言葉にされないものを聴き取る

の生活場面での行動に現れてきます。その人は〝親から大事にされてこなかった〟という傷つきの記憶と響き合うような現在の体験に、うまく対処できないでしょう。たとえば、上司や先輩から大事にされていないと感じられるような体験にうまく対処できないでしょう。たとえば上司や先輩からのちょっとしたからかいの言葉にも、ひどく動揺してしまうかもしれません。

その人は、そのような体験を何とか自分自身に対してごまかそうと奮闘することでしょう。上司や先輩のちょっとしたからかいを、あれは愛情表現なのだと自分に言い聞かせ、過剰にテンションを上げてはしゃぐかもしれません。そうやって、その場面を「大事にされていない状況」だと感じている自分の感覚を否定し、「かわいがられている状況」なのだと意味づけし直して、強引に自分を納得させようと頑張るのです。そうすれば、その状況はもはや上司や先輩から大事にされていない状況ではなくなるからです。

あなたがその人よりもかなり年長だとします。そして、その人と会話しているとしましょう。まさにその場面においてもその影響は現れてくるかもしれません。その人はあなたと表面的な関わりしかできないかもしれません。あなたにとても気を遣い、あなたに合わせようと痛々しい努力をしてくるかもしれません。もしあなたに負担をかけるようなことをしてしまうと、あなたから大事にされないのではないかと心配になるからです。

その人は、態度や素振りで多くを無言のうちに表現しています。注意深い人であれば、こうした相手の振る舞いに、「おや？」と感じるでしょう。それこそが深い〝共感の芽〟なのです。それこそが、相手のまだ話せないこと、まだ言葉にできないことを聴き取る感受性の出発点なのです。

その人は、そうやって態度や素振りで多くを無言のうちに表現していますが、「私は小さいころに、親から大事にされなかったという体験をしたので、自分が目上の人物から大事にされるとは手放しに信じられないんです。自分は目上の人物から大事にされない存在なんだと感じてしまうんです」などとは決して語りません。そんなふうにはまだ語れないのです。

重要なことこそ、なかなか語ることができないものです。

けれども、それはまったく姿を現さないわけではありません。語られていることの中に微妙なかたちで現れます。特徴的な言葉の選び方や、不自然に力みのある考え方、また、声、姿勢、視線、態度や振る舞いに現れます。それらから得られる印象と、話された内容とが織りなす綾の中に、ぼんやりとした影としておぼろげに現れるのです。

その影に声を与え、言葉を与えること、それが深い共感です。

18 声のトーンを聴く

共感において、声はとても重要です。声を聴くこと、そして声で表現すること、いずれもが非常に重要です。

相手の話を聴くときに、相手の声に注意を向け、声を聴きましょう。相手の話の内容ばかりに注意を奪われていてはいけません。もちろん、声だけを聴いて、話の内容を聴かないというわけではありませんが、注意の範囲を拡大して、同時に、その内容を乗せて運んでいる乗り物である声に注意を向けましょう。

というのも、声には、感情が表現されているからです。その内容を語っている話し手の「今ここ」での感情が表現されています。「結婚するんです」という内容が語られるとき、なんとなく沈んだ声かもしれません。「相手もいい人だし、私はとっても幸せ者です」という内容が語られるとき、平板な声かもしれません。その「声」を聴きましょう。

そして、声に表された感情のニュアンスと、話される内容とが調和しているかどうかを感じ取るようにしましょう。「幸せ者だと言われましたが、私にはなんとなく浮かない声のように聞こえます」と言ってみてもいいでしょう。もし話し手があなたに安心して心を開いてくれれば、そこから、その結婚についての不安な心持ちが語られることになるはずです。話し手の「今ここ」でのリアルな心情は、「幸せ」という言葉よりも、声に反映された「沈んだ感じ」のほうにあるのです。できれば話し手はそれを話したいはずなのです。

私は、普段、「自信がない」とか、「どうしたらいいか分からない」とか、何にもやる気が出ないとかいった悩みを聴くことが多いです。そういう悩みを語る人の声は、たしかにどこか自信なさげで、頼りなげな声であることが普通です。けれども、話を聴いていくうちに、いつしか、とてもはっきりと力強い声で語られるようになるポイントに行き当たることがよくあります。

たとえばあなたが、仕事に自信をなくしたり、やる気をなくしたりしている人の話を聴いているとしましょう。その人の声は、はじめはたしかに元気のない沈んだ声であることが多いでしょう。けれども、語っていくうちに、いつの間にかふと、その人なりの仕事への情熱が伝わってくるような力の入った声、熱を帯びた声に変わっている瞬間があるのに気づくかもしれません。その「声」を大切に聴き取ることが大事です。「あなたはその仕事がとても好きなんですね。

今、生き生きした感じで話していましたよ」とコメントしてみます。

おそらくその人は、その人なりの仕事へのこだわりがないがしろにされたり、仕事への思い入れが踏みにじられたりする経験をたくさん重ねるなかで自信をなくし、やる気をなくしてきたのでしょう。もしかすると、そうした苦しい経験のなかで、仕事への情熱などもうとっくに失われてしまったと感じているのかもしれません。

ともかく、こうした声の変化があったならば、聴き手がその声を聴き取り、そこに感じられる感情としっかりつながることが大切です。ところが、聴き手が話の内容ばかりに注意を向けていると、こうした声の変化に気づかず、そこを素通りしてしまうことが多いのです。仕事相手の説明や、機械の仕組みの説明や、会議の手続きの説明など、話の内容ばかりを一生懸命に聴いてしまい、声の変化が見過ごされてしまうのです。これは「共感」という観点からすれば、非常に残念なことです。

こうしたポイントで、聴き手が話し手の声の変化に気づき、「あなたはその仕事がとても好きなんですね。今、生き生きした感じで話していましたよ」と返すことはとても有用です。話し手はそう言われて、自分の中に仕事への情熱がまだ死に絶えていなかったことに初めて気づき、自分でも驚きます。そして、そのことが話し手に希望をもたらすのです。話し手自身が、自分自身の中の見失っていた部分とのつながりをあらためて取り戻すことになるからです。

話されている内容だけでなく、その内容を乗せて運んでいる声を聴く。音楽を聴くように、会話でも話し手の声を聴いてみる。そのとき、あなたは声がいかに豊かな表情を持っているかを、あらためて知ることになるかもしれません。

19 相づちの打ち方

共感を表現するときにも、「言葉」で表現する以上に、「声」が重要です。

相づちを例に取って考えてみましょう。ほとんどの人は、話を聴きながら相づちを打ちますよね。相づちは、「うーん」「あぁ」「はぁ」「ほぉ」など、相手の話を聴きながら、リアルタイムで相手の情緒的なトーンに音調的に波長を合わせていく反応です。リアルタイムで感じながら、感じたことをただ音声的に表現して返す反応です。あるときは高く、あるときは低く。あるときはぱっと速く、あるときはぐーっとゆっくり。またあるときは小さく軽く薄く、あるときは大きく重厚に。またあるときは抜けるように明るく、あるときはくぐもって暗く。相手の話す内容や声の調子に合わせて変化をつけます。

その相づちにも上手下手があります。「相づちに上手下手なんて、あるの？」と思う方もいるかもしれませんが、あるのです。これはたくさんのカウンセラーの研修をしてきた私のリアルな実感です。

相づちが上手な人は、相手の声の調子に合わせて、本当にきめ細やかに調子を合わせ、まるでダンスのステップを踏んでいるかのように、デュエットを歌っているかのように、相づち一つで相手との調和的な世界を作り出します。それに対して、相づちが下手な人の場合、相づちを打つことが相手の話の流れを妨げる障害物のようになってしまいます。たいていは一本調子で平板です。

伝えたい、表現したいという気持ちが大きいからといって、相づちの声が大きければいいというものではありません。また、相づちの量が多ければいいというものでもありません。相手が小さな声で、絞り出すように話しているのに、聴き手の相づちがむやみに大きければ、それだけで共感できていないと言えるでしょう。相手がゆっくりとしたテンポでポツリポツリと話しているのに、聴き手がマシンガンのように相づちを入れれば、それもまた、共感できているとは言いがたいでしょう。

相づちを打つときには、音声のレベルで調子を合わせるのです。ダンスのステップを踏むように、デュエットで歌うように。相手の声を聴くようにしていけば、自然に調子が合ってくるでしょう。自覚的に調子を合わせることで、それが後押しされるでしょう。

また、私がカウンセラーのための傾聴の研修でよく言うことは、相づちはどこで打つかとともに、どこで打たないかが重要だということです。さらに、どこで強く打つかとともに、どこで弱く打つかが重要だということです。相づちを打たないところや弱く打つところをしっかりと区別することによって、初めて相づちの効果が生まれてくるのです。相手の話を一生懸命に聴こうとするあまり、ひっきりなしに力一杯の相づちを打ち続ける人がおられますが、それでは、結果的に、相づちの効果は限りなくゼロに近づいてしまいます。

共感の表現は、決して言葉だけではありません。言葉が中心的なものでもありません。共感の表現の中心はむしろ言葉にはないのです。感じたことを表現していくとき、その中心は声や表情や視線や姿勢など、言葉以外の（非言語的な）ものにあります。「声」はそのなかでも目立った要素としてとりわけ重要なものです。

20 葛藤の両面に触れる

人の心はとても複雑で得体の知れないものです。相容れない欲求や願望がたくさん渦巻いています。「愛されたい」「人から認められたい」「危険は冒したくない」「楽をしたい」「目立ちたい」「有意義なことを達成したい」「誇りを感じたい」「美味しいものを食べたい」「のんびりしたい」「でっかいこと成し遂げたい」「ただ自分自身でありたい」「面白いことがしたい」などなど。

これらの欲求や願望の間には、矛盾も葛藤もあります。人は常に矛盾や葛藤を抱えて生きているのです。

また同時に、人の心は、時間の経過とともに変化するものでもあります。空腹なときには食べたいですが、満腹なときには食べ物を見たくありません。眠いときには休ませてほしいですが、退屈なときには刺激と活動を求めます。昨日は好きだったものが、今日は嫌いということもありえます。

20 葛藤の両面に触れる

どの欲求が前面に出ていて、どの欲求が背景に退いているか。どの気持ちが前面に出ていて、どの気持ちが背景に退いているか。そうした構図が時間とともに推移することがあるのです。

人の心には、普通、矛盾や葛藤は当たり前のこととして、ごく自然に抱え込まれています。健康な人は、たとえば、心の表面では「きちんとやらなければならない」と考えながら、心の裏面のどこかで、適当に息抜きをすることもごく自然にできていたりするものです。葛藤の表面と裏面の間の対立はさほどきつくなく、なんとなく共存しているのです。

ところが、苦悩している人、あるいはストレスを抱えている人の場合、葛藤の表面と裏面の間にきつい対立が生じていることが多いと言えます。たとえば、表面で「きちんとやらなければならない」という考えを抱くとすれば、息抜きの入り込む余地は一切どこにもなくなってしまい、「息抜きしたい」という人間として当然の欲求は心の裏世界の奥深くに放逐されてしまい、まったく日の目を見ることがなくなってしまいます。「きちんとやらなければならない」というまじめな考え方と「息抜きしたい」という人間的欲求との間の対立が非常に激しくなってしまうのです。

好きだけど、嫌い。分かっているけど、認めたくない。やめたくないけど、続けたくもない。悩んでいる人の話を聴いていると、たいてい矛盾や葛藤と出会います。それも、激しい矛盾や葛藤と出会います。そういうとき、しばしばそれを聴いている人は混乱して、白黒つけたくなります。

たとえば、夫婦関係に悩んでいるJ子さんが「もう夫とは別れます！」と勢い込んで話し始めます。「本当にひどいんです。あの人にとって私の存在はただの虫けら同然なんです。私たちの結婚生活には、結局、何の意味もなかったんですよ。もういやです。昨日の晩も、帰ってきていきなり大声で怒鳴り散らすんですから。隣近所にも聞こえるぐらい。もう恥ずかしくて」。

ところが、ものの五分も経たないうちに、その同じJ子さんが急にしんみりとした調子で次のように話し始めます。「でも、そうは言っても、あの人もこれまで大変な苦労をしてきたんです。私もそれを分かってあげられずに、ただ厳しい言葉を投げつけてばかりのときもありましたし……。可哀想な人なんです。機嫌のいいときには、ほんとに素朴でいい人なんですよ」。

このような話を聴いていると、「さっきはもう別れるって言ってたじゃないですか。でも今は夫に同情するみたいな話ですよね。いったいどういうことなんですか？」というように、性急に白黒はっきりさせたくなるかもしれません。聴き手としては、矛盾した情報が入ってくると、それを抱えているのは苦しいことなので、早く解消したくなるのです。

けれども、矛盾や葛藤を抱えて苦しんでいるのは話し手のほうです。もしあなたに話し手の苦しみを少しでも和らげてあげたいと願う気持ちがあるのなら、矛盾や葛藤を直ちに解消しようとせず、穏やかに抱えておくことが大切です。

20 葛藤の両面に触れる

話し手自身がその矛盾や葛藤に苦しんでいるのです。聴き手は、自分の中のその苦しみを、まずは感じ、よく味わい、抱えた上で、手放しましょう。そして注意をあらためて話し手に向けてみましょう。話し手自身が、その葛藤に引き裂かれ、苦しんでいるのを感じましょう。

その上で、さきほどのJ子さんには、次のように言うことができるかもしれません。「あなたは、夫との結婚生活に疲れてしまい、本当にもう別れてしまいたいと思っているのですね。その一方で、夫のよい面もよく知っていて、これまで夫がしてきた苦労を思うと可哀想にも思うんですね。二つの相反する気持ちがあってつらいんですね」。

激しい葛藤を抱えている人は、葛藤の二つの面を同時に見つめることができにくい状態にあります。対立する二つの気持ちのうち、Aの気持ちを持っているときには、Bの気持ちはどこかへ行っています。Bの気持ちを持っているときには、Aの気持ちはどこかへ行っています。「葛藤」とは、両立できないということであり、同時に安全に存在できないということなのです。

悩んでいる人、苦悩している人、ストレスを抱えている人は、ほとんどの場合、何らかの葛藤を心に抱えています。共感的な対応をするためには、話を聴いていてそうした葛藤に出会っても、性急に白黒つけようとしないことが大切です。一つのコメントの中に葛藤の両面を穏やかに描き出すことができるとよいと思います。葛藤の両面が穏やかに同時に存在できるようなモデルをあなたが見せるのです。悩んでいる人は、目の前に示されたモデルから学ぶところがあるでしょう。その人自身が葛藤の両面を穏やかに抱えることができるようになれば、より建設的な判断に開かれるようになると思います。

さて、このようなコメントを述べるに当たっては、コツが二つあります。一つは、葛藤の両面をつなぐときに、「そして」「それと同時に」「その一方で」といった接続詞を使ってその二つを穏やかな関係でつなぐことです。たとえば「あなたはお母さんのことが好きなんだね。そして一方では、お母さんがあなたにしてくることにイライラするんだね」といった具合です。葛藤の二つの面を逆説の接続詞でつなぐことはしません。「あなたはお母さんのことが好きなんだね。にもかかわらず、お母さんがあなたにしてくることにイライラするんだね」。このように逆説の接続詞でつないでしまうと、葛藤の両面の対立関係はかえって引き立ってしまいます。これでは、葛藤を抱えやすくするという目的とは逆行してしまいます。

もう一つのコツは、コメント全体を「穏やかな声」で言うことです。葛藤の両面を同時に併存させながら穏やかに見つめ、抱えていくというのがこのコメントの目的です。せっかくのコメントも、うわずった声や緊張感のある声で言ってしまったら、効果は半減してしまいます。

つまり、聴き手が実際に葛藤の両面を抱えることができていなければ、コメントは効果を持たないのです。現実に話し手にとってのよいモデルとなることができなければ、いくら口先だけでこのようなコメントを言ってみても、効果はないということです。大事なのは言葉ではなく、目の前に現実に生きたモデルが存在しているということなのです。

21 浅い共感、深い共感

フロイトやユングの無意識の心理学はしばしば「深層心理学」とも呼ばれます。この「深層心理学」という言葉は、心には深い層と浅い層があることを端的に示唆したものです。このように、心はしばしば層を成した構造体としてイメージされてきました。しかし、とりたてて深層心理学の専門家でなくても、私たちは日常的に「心の奥深くに」とか「心の奥底に」とかいった言い回しを用いますし、そうした表現を直感的に理解しています。おそらく私たちは理屈以前に、心を立体的なもの、奥行きのあるものとして体感しているのでしょう。

現実には、心は具体的なモノではありませんし、心にそのような具体的構造はありません。心を層を成すものとして捉えるこうした捉え方は、あくまで大まかな比喩であり、イメージです。そこのところを間違わないようにしましょう。現実にそのような構造体が固定的な形であるわけではないのです。

21 浅い共感、深い共感

ただ、誰にとっても、体験上、心理的に接近しやすい内容と、接近しにくい内容とがあります。そして私たちは、心理的に接近しやすい内容を「心の浅い層」にあるものと感じ、接近しにくい内容を「心の深い層」にあるものと感じる、ということだと思います。

この比喩をそのまま受け入れるとすれば、人が話しているのを聴いていて、その人がはっきりと言葉にして述べていることを文字通りそのまま受け取るような反応をするとき、それは「心の浅い層に対する共感」だということになります。これに対して、その人がはっきりとは言葉にしていないし、まだはっきりと言葉にできないでいるような、その人自身にとってあやふやな体験、距離のある体験を、聴き手が言葉にして返すとき、それは「心の深い層に対する共感」だということになるでしょう。

「僕はいじめられてるんじゃないんですよ。〝いじられキャラ〟なんです。そういうノリなんですよ。僕、いじられる以外にどうやってクラスの連中と関わったらいいのか、分かんないんです。いじられて、それに調子を合わせることで、みんなの中に入れてるんです。だから、いじってもらえて嬉しいってとこもあるんですよ」

明るく軽い口調で男子高校生がさらりとそう言っています。でも周りの多くのクラスメイトは、彼は周りの子からいじめられているように見えると言っています。どうも話が合いません。

このとき、「いじられる以外に関わり方が分からない。だから、いじってもらえて嬉しいって感じているんだね」と言うとしたら、それは浅い共感でしょう。

「あなたの話を聴いていいて感じたんだけれど、あなたは、もしかすると、いじられるなかで、結構傷ついているのかもしれないね。もしかすると見当違いかもしれないけど、そうじゃないかなって感じた。そんなふうな感覚が伝わってきた。いじられるなかで傷ついているけれど、でも他の関わり方が分からないから、そのキャラを降りると人間関係を失ってしまう。それも怖い。孤立はしたくない。いじられキャラは嫌だけど、孤立するよりはましだ。そんなふうにどこかで思って、それで、いじられキャラを演じ続けているのかな。話を聴いていて、そんなふうに感じた。見当違いかもしれないけれど」

もしこんなコメントを返したとしたら、それは深い共感だと私は思います。このコメントの内容が当たっているか、外れているかは重要な問題ではありません。このようなコメントを投げかけることが重要なのです。このようなコメントを投げかける行為そのものが「深い共感」なのです。話し手はそれによって、自分の中の曖昧な体験領域をより明確にしていく作業に取り組むよう励まされます。そのプロセスに誘われるのです。それが深い共感です。

このような場面では、聴き手は「あなたはそうやっていじられていると言って自分を偽っているんでしょう。本当は傷ついているんでしょう?」というように言いたくなるかもしれません。それでは、「いじられている」という内容は偽りの心であり、「傷ついている」という内容こそが真実の心だということになってしまいます。このような決めつけはかなり怪しいものだと思います。私たちは人の心の中を覗いて見ることも、レントゲンで映し出すことも、できないのですから。

仮にそれが当たっていたとしても、この話し手の傷つきに共感的に触れていくために、相手が心を偽っていると非難するようなニュアンスを伴うことを、わざわざこのタイミングで言う必要はないでしょう。それは、話し手の傷つきに対してあまり共感的ではないように感じられます。

ちなみに、「心の浅い層」は基本的に〝明確な内容〟から成っています。そして、「心の深い層」は基本的に〝曖昧な内容〟から成っています。これは、心の浅い層は体験しやすい内容であり、心の深い層は体験しにくい内容であるということから、必然的にそうなるのです。

現実に起こった体験でも、長年、その記憶に触れないままであれば、記憶は非常に曖昧か、もしくは断片的なものになってしまいます。まして、感情や欲求といったもともと明確な輪郭のない曖昧なものや、その記憶ともなると、さらにそうです。それらの内容は、新鮮にわき起こっているときに良質の注意を向けて体験され、言葉にされることで明確になっていくのです。そうした作業を経ることなしに気づきの周辺に追いやられた体験は、たとえ現実に起こったことについての記憶であっても曖昧で断片的であることが普通です。自分の気持ちや思いのようなものであれば、なおさら、曖昧であることが普通です。

私が心理もののドラマや映画を見ていて、現実の相談活動との間に決定的なギャップを感じて、時に興ざめするのはこの点であることがほとんどです。ドラマや映画の中では、「心の深い層」に最初から非常に明確で具体的な内容が埋もれていて、それが何らかの操作で掘り起こされる、というストーリーがよくあります。そんなことは、現実の相談を行うなかではまずありえません。

「心の深い層」の内容は、本人にとっても非常に曖昧なもので、話を聴いている人の反応によってもかなりの部分が形成されていくような類のものなのです。最終的にその内容が「心の深い層」から表層に掘り起こされたときにとった具体的な形は、話し手と聴き手との共同作品と言ってもいいほどのものなのです。

22 言葉を使わずに表現する方法

先に、共感を表現するために「声」を取り上げました。そこでは、言葉で表現する以上に、声で表現することが重要だということをお話ししたと思います。

ここではさらに声以外の方法についてお話ししましょう。代表的なものとして、アイ・コンタクト、表情、姿勢、ジェスチャー、呼吸などを挙げることができます。なかでもとくに重要なものとして、アイ・コンタクトと呼吸、そして「間」の活用を取り上げたいと思います。

「アイ・コンタクト」とは、視線を合わせることです。大事なメッセージを伝えようとするときには、相手と視線を合わせることが重要です。視線を逸らしながら何かを伝えることは、「無視してよい」と言っているのと同じことです。

相手にとって必要な内容、潜在的に訴えかける内容であっても、視線を逸らしながら伝えたのでは、共感は届かないでしょう。相手の話を聴いてあなたの心がいくら感動に震えたとしても、そのバイブレーションは、あなたの視線とともに床に落ちたり、空中に拡散したりしてしまいます。そのバイブレーションを相手の心にしっかりと届けましょう。そのためには、視線を合わせることが必要です。

より高度なテクニックに、あえて視線を逸らして独り言のようにつぶやくようなものもありますが、それは本書の射程を超えた技術です。

どうしても人と視線を合わせるのが苦手という人もいるかもしれません。そういう方のために、視線を合わせるための訓練を一つ簡単に紹介しておきましょう。

誰かに相手になってもらい、向き合って座ります。そして両手を大きく広げ、ゆったりと息を吐きながら視線を合わせます。息を吸うときに視線を逸らし、息を吐くときに視線を合わせます。お互いに笑顔で、リラックスして、楽しんで、無理なくやりましょう。少しの時間から始め、徐々に延ばしていきます。練習相手をしてもらう人から、いい感じでできているときには「そうそう」「いいよ」「その調子」などと声をかけてもらうようにするといいでしょう。

ちなみに、日本人が会話中にアイ・コンタクトを取る時間は、平均で一分間あたり約三二秒だそうです。だいたい会話全体の半分ぐらいの時間です。もちろん、三二秒間ずっと相手の目をじっと見つめ続けるわけではありません。一回のアイ・コンタクトの持続時間はもっと短いことが普通です。ただ、一分間の中でアイ・コンタクトを取っている時間を総計すると、平均三二秒になるということです。

それを大幅に超えると相手に威圧感を与えてしまいますし、逆に、それよりもずっと少ない時間しか相手を見ないと、相手は自分に関心を持ってもらっていないのだと感じてしまいます。「アイ・コンタクト」とか、「視線を合わせる」とか言っていますが、厳密に言えば、必ずしも相手の目を見る必要はありません。相手の両目と鼻筋の中程あたりを結んだ三角の領域に視線があれば、相手は自分を見てくれていると感じます。実際にはそれで十分なのです。

次に「呼吸」についてですが、相手と関わりながら呼吸が浅くなっていることに気づいたら、呼吸を深くしましょう。焦ったり、落ち着きを失ったり、心がざわついたり、イライラしたり、集中力が失われたりしてくると、そうした自分の状態に気づいても、どうにもコントロールできないことが多いのではないでしょうか。

そういうときには、呼吸に注意を向けてみます。呼吸は心や身体の状態と密接に関係していながら、意識的にコントロールできるものです。心身を穏やかに落ち着けたいときには、「吐く息をなるべく長く、吸う息は力まず自然に」が基本です。そのようにして息を整えることで、心身の状態を整えます。そうすることで、〝自然な共感〟がすっと出てきやすくなるのです。

以前にもお話ししたように、共感の最も基本的な部分は、ひとりでに感じられることにあります。これは努力してする行為ではありません。カチカチに緊張していたり、肩に力が入っていたり、眉間にしわを寄せて難しい顔をしたりしていては、しなやかで生き生きとした共感はわき起こってきにくいでしょう。

催眠療法家が相手を深い催眠状態にうまく誘導したとき、催眠療法家と催眠状態にある人の呼吸は自然とシンクロしていることが多いそうです。

現代のカリスマ的セラピストの一人であるアーノルド・ミンデルは、昏睡状態の人と対話するセラピー（コーマワーク）を提唱しています。相手は昏睡状態ですから、当然、言葉で話すことはできません。さまざまな身体の微妙なサインに波長を合わせて「対話」することになります。そのとき、最も重要なチャンネルが呼吸なのです。ベッドサイドで相手の呼吸のリズムや強さに合わせてソフトに音を立てて呼吸したり、呼吸のリズムに合わせて手を握ったりなどしていくのです。そのようにして根気よく働きかけていくうちに、相手がこちらの働きかけに反応するようになったり、何らかのやり方で意思疎通できるようになったり、場合によっては言葉での交流が可能になることさえあると言います。

たいていの人は、コミュニケーションの言語的な側面ばかりに気を取られ、自分たちがもっぱら言葉だけで交流しているかのように思い込んでいます。「阿吽《あうん》の呼吸」などと言いますが、人と人とが一緒にいて心を通わせているとき、呼吸はとても大事な交流の次元なのです。

呼吸を整えることによって、リラックスし、肩の力を抜きましょう。そうして、ありのままの自分に立ち戻ります。そうすれば、豊かな共感に開かれた「ありよう」が今ここに立ち現れることでしょう。

最後に「間」の活用について述べておきましょう。

効果的に共感を伝えるにはどうすればよいかということを考えるとき、大事な工夫の一つに、「間」の活用があります。大事なことを伝えようとするときには、その前にしっかり「間」をとりましょう。「間」をとることには、相手の注意力を引きつけ、高める効果があります。

せっかく大事なことを伝えようとしているのに、他の多くの言葉に埋もれてしまうようなやり方で、なんとなく伝えてしまっている人がいます。おそらく相手にどう受けとられるか不安な面があって、自分の言葉に自信が持てないのでしょう。でも、そういう伝え方だと、言葉の上では確かにそれを伝えているようでも、実際には、相手には何も伝わらないままになりがちです。もしあなたが大事だと思うことを伝えようとしているのであれば、それを相手にしっかりと効果的に響かせるようなやり方で伝えたいものです。

その工夫の一つが、それを言う前に、十分な「間」をとるということです。

もし相手がずっとマシンガンのようにしゃべり続けるようなタイプの人でしたら、いったん遮ります。共感的に相手の話を聴こうとするとき、話を遮ってはいけないと思い込んでいる人がいますが、そんなことはありません。それでは行き過ぎた悪しき受け身になってしまいます。言いたいことがあれば、必要なら、相手の話を遮ることです。何も「黙れ！」と叫ぶ必要などないのです。たいていは、黙って静かに片方の手のひらを相手に見せるように挙げれば、話は止まります。

23 自分を語ることが共感を深める

共感は〝相手の気持ちを感じ取ること〟だと、ひとまずは考えられます。その一方で、単に〝感じる〟だけではなく、感じたことを〝表現する〟ことまで含むものだということも、本書では強調してきました。

相手の話を聴いていて淋しいんだなと感じたのなら、「淋しいんですか？」と言うよりも、「淋しいんですね」という表現のほうが共感として成熟しているということを前に述べました。もう一歩進んで「淋しいなぁ」だったらどうでしょう？　ポツリと「淋しいなぁ」とつぶやいたとしたらどうでしょうか？　これも共感の表現だと言っていいでしょう。こちらのほうがさらに成熟した表現だという感じもします。

この表現では、淋しさを感じている主体が誰なのかが曖昧です。そうつぶやいた聴き手本人のようでもありますし、聴き手の前の相手のようでもあります。私とあなたの境界が曖昧化されているところが、このコメントの面白いところです。このコメントの提示のされ方そのものが、私とあなたの響き合いをどこかで前提にしているのです。

このようなコメントは、相手の側がそのような提示の仕方に違和感を抱かないような状況なら、とてもインパクトを持ちます。ただし、もし相手がこちらに距離感を感じているような状況であれば、いきなりこのようなコメントをしても、すれ違いになるだけで相手には響かないでしょう。共感の表現としては成熟した形式を備えていても、実態に即していなければ空振りです。

〝共感が深まる〟とは、相手の気持ちと自分の気持ちとの境界線がぼやけることです。あるいは、相手の気持ちと自分の気持ちとが出会い、相互作用することとです。

そもそも相手の話を聴いていて、「淋しいんだなぁ」と感じたとき、その感じは誰の感じなのでしょうか？　また、そこで「あなたの話を聴いていて、淋しいんだなぁと私は感じました」と伝えるとしたら、それは誰のことを話題にしているのでしょうか？　相手の気持ちを話題にしているのでしょうか？　それとも自分の気持ちを話題にしているのでしょうか？

共感を伝えるコメントでは、相手の気持ちを話題にすることと、自分の感じたことを告白すること（自己開示）との区別は曖昧になります。共感においては、私とあなたの境界線が曖昧になるからです。それこそが共感の性質なのです。

23 自分を語ることが共感を深める

「淋しいんですね」というような最もシンプルなコメントを例に取って説明してきましたが、もっと複雑で個性的なコメントでも同じです。相手の話を聴いていて、感じたことを表現する。非常に複雑で個性的な長いコメントになっても同じです。

二〇世紀のカウンセリング界をリードしたカール・ロジャースがデモンストレーションで行ったカウンセリングの中の一コマをご紹介しましょう。

「これはおかしな考えのように聞こえるかもしれませんが、そんな友達のひとりに、あのお茶目な少女がいたらいいのになぁって思うんです。こんなことを言って、あなたにとって意味があるのかどうかはわかりませんが。ただもし、そんなお茶目な少女があなたの内側に住んでいて、そして、あなたが光の中にいるときも暗闇の中にいるときも、ずっとあなたの側にいてくれたらなぁって思うんです。こんなこと言っても、あなたには何の意味もないことかもしれませんけれども」

ここだけ切り出しても分かりにくいとは思いますが、ロジャースが自分の感性をかなり思い切って前面に出した発言をしているということが分かると思います。このような発言になると、もう共感を表現したコメントなのか、自分の気持ちを語っている自己開示なのか、区別がつきませんよね。

いろんな人の話の聴き方を観察していると、自分の感性をさらしたくないとか、自分の感じていることに自信がないとか、自己開示を避けようとすることが、共感が不全なものになる主要な原因の一つになっているように思います。

思い切って自分を出さないと、共感は深まっていきません。あなたの個性が輝かないと、あなたに話を聴いてもらっても面白くないのです。あなたは自分が面白くない人間だと思っているのでしょうか？　そんなことはありません。面白くない人間なんていないのですから。

24

「おかしい」で片づけない

Bさんが Aさんに「相談したいことがある」と言ってきます。そしてBさんは約束の時間に現れ、何か話そうとします。けれども、もじもじするばかりで、いっこうに話し始めません。Aさんは「どうしたの？　何でも話してごらん」などと優しく促します。Bさんは、涙をポロポロこぼし始めます。それでも話しません。

Aさんは次第にイライラしてきます。そして「もう今日は時間がないから」とBさんを帰そうとします。でも気を取り直して「相談したいことがあるんだったら、また来たらいいよ」と言い添えます。

Bさんはまたやって来ます。そして、同じように、もじもじ話したそうにするのですが、何も話しません。そうして、ポロポロと涙をこぼします。

あなたがAさんの立場なら、どんなふうに感じるでしょうか？　そして、どうするでしょうか？

多くの人が、Bさんに対して次第にイライラするようになります。「なんなの、この人」「なんでしゃべらないんだ」「（相談があると言いながら何も言わないなんて）わけが分からない」「私をバカにしているのか」などと考えるようになります。そうして、Bさんを非難し始めます。Bさんに向かって、「言いたいことがあるんならちゃんと話しなさい」とお説教を始めたり、「あなたはおかしい」と言って責めたりし始めます。

残念なことに、プロのカウンセラーや精神科医でさえ、そういうことがしばしばあります。ただこういう人たちは難しい専門用語を巧みに操って話すので、一見すると知的な議論をしているように見えてしまうことがあります。けれども、声のトーンや態度に注目して素朴に観察すれば、侮蔑的なやり方で専門用語を用いてBさんに対するいらだちを晴らしているのが見て取れるでしょう。

Aさんが、Bさんを「変な人だ」「おかしな人だ」あるいは「○○人格障害だ」などと苛立ちながら評するとき、この情報は表向きは、Bさんについての情報を伝えるものだということになるでしょう。けれども、それは本当にBさんについての情報なのでしょうか？

Bさんについて、そんなふうに思わない人もいます。冷静に判断すれば、Bさんのことをそんなふうに考えるほうがおかしいのです。シャーロック・ホームズの相棒のワトソンならBさんを「おかしい人」と判断するかもしれませんが、シャーロック・ホームズなら決してBさんを「おかしい人」とは判断しないでしょう。いいえ、シャーロック・ホームズのような名探偵である必要はありません。きちんと観察し、冷静に論理的に考えることのできる人であれば、Bさんが「おかしい人」ではないことは分かるはずです。

Bさんは、明らかに「相談したいことがある人」です。だから、わざわざ何度もAさんを訪問しているのです。Bさんは話したそうにもじもじしていて、涙を流したという事実が観察されています。ですから、明らかに何かつらい体験があるのです。にもかかわらず、それを話すことができないようなのです。

なぜ話せないのか？　それはまだ分かりません。分かっているのは、Bさんは「おかしい人ではない」ということです。何か理由があって「話せない状況にある人」なのです。そしてそのことも含めて「とても困っており、つらい状況にあり、助けを求めている人」なのです。

単に観察事実を冷静に合理的に考え合わせれば、以上のことは明らかだと思います。けれども、多くの人が、Bさんを前にすると、イライラしてきて、その苛立ちをBさんに直接ぶつけてしまいます。そうして早々に「こいつはおかしな奴だ」で片づけてしまうのです。

ある小説の中に、このAさんBさんと似たような場面が描かれていました。ある男が、裕福でもあり社会的に信頼もある年配の紳士と知り合います。男は、どうもその年配の紳士から信頼できる人物と見込まれたようで、以来、その紳士の頻繁な訪問を受けるようになります。その紳士はやって来ては何か話したそうにするのですが、何も言いません。どう見ても何か言いたくて仕方がないようなのに、どうしても言えないようなのです。毎晩のように訪ねてきては、何時間も逡巡し、苦しみながら、結局、何も言わずに帰っていくことがくり返されます。

とうとうある晩、その紳士は苦しさに堪えかねたのか、顔面蒼白になった挙げ句、静かに話し始めました。自分は人殺しなのだと。昔この町で起きたセンセーショナルな殺人事件の犯人は何を隠そうこの自分なのだと。

話されてしまうと、その人が話せなかったのももっともだと分かります。その人が「おかしな人」だからではなく、誰でもそんな事情を抱えていたら、話したいけれども話せない、そしてとても苦しい、ということになってしまうでしょう。ですが、たとえ話されなくても、観察された事実を冷静に合理的に考え合わせれば、その人が「おかしな人」ではなく「苦しんでいる人」であることは分かるはずです。

以上の考察を踏まえれば、次のように言えるでしょう。

Aさんが、Bさんを「変な人だ」「おかしな人だ」あるいは「○○人格障害だ」などと苛立ちながら評するとき、この情報はBさんについての情報である以上に、実はAさんについての情報なのです。Aさんの理解力がどの程度のものかを伝える情報なのだということです。

25 相手を信じて賭ける勇気を持つ

多くの人は、「共感」と言うと何か癒やし系のイメージ、ほんわりしたイメージで捉えているのではないでしょうか。たしかにそうしたイメージは共感の一面を捉えてはいますが、私にとって共感とは、もっと厳しく険しいものであることもしばしばあります。

共感とは、何よりもまず、対人関係で逃げ腰にならないことです。ですから、もともと怖がりの私にとっては、共感を表明することが、勇気をふりしぼっての挑戦になることもしばしばなのです。

今ここに、何年もうつ状態が続いていて、両親から「お前はどうせ変わる気なんてないんだろう」と言われて傷ついている人がいるとします。その人は、「たしかに私は両親の言うとおり、何も変わっていない！」と険しい表情で言い、激しく自分を責めています。その人を前にして「あなたは変わろうと一生懸命頑張ってきた。そのことを私は知っていますし、あなたも

25 相手を信じて賭ける勇気を持つ

知っています。その一方で、両親にそう言われるととても傷つき、ぐらついてしまうあなたもいるんですね」と言うとき、私は勇気をふりしぼって賭けているのです。その人が、暗い穴の中からこちら側に出てきてくれることに、自分の人格を賭けているのです。

共感を示すことは、しばしばチャレンジであり、賭けでもあります。もしかすると「あんた何言ってんの！」「見当違いもいいとこです！」「あなたの目は節穴ですか？」などと一蹴されたり、怒られたりするかもしれません。関係が破綻するかもしれません。そんな危険を冒してでも言葉を発する。それでもいいから、相手のために伝えたいことを伝える。伝えないときっと後悔するから、怖くても、思い切って（ただし穏やかに）そういう想いを伝える。それが共感です。

実際、「本当に変わっていません。何年もここに相談に来ていますけど、やっぱりうつ状態のままです」とか、「私は変わろうと頑張ってなんていません！」などと激しく抗議する人もいます。そのときには、ひとまずその抗議を受けとめますが、ひるまずに闘い続ける必要があるかもしれません。共感はときに闘いなのです。信じたもののために闘うことが避けられないならば、そうします。ただし、穏やかに、落ち着いて、力強く、そして、温かく。

「頑張ってないんですね。分かりました。ただ、私はやっぱりあなたは変わろうと頑張っていたと思いますよ。あなたはお医者さんへも行ってきちんと服薬もしているし、運動がいいと知ったらスポーツジムにも行ける範囲で通うようになっているし、生活のリズムを整えようといろんな工夫を一緒にしてきましたよね。たくさん頑張ってきたと思いますよ。それに、ぜんぜん変わっていないわけではなく、その成果も少しずつ出てきていると思います。友達と会う回数も増えているし、何より友達と会ってもその友達と自分を比較して落ち込むことが少なくなったと思います。（そのことについて）どう思いますか？」

こう言うとき、共感は相手を〝信じる〟行為を含んでいます。相手が自分の言うことをきっと受けとめてくれると信じて、ジャンプするのです。ジャンプするとき、下は見えません。見えなくても、信じて飛ぶのです。もしかすると硬い地面に落ちて怪我をするかもしれません。「怪我をしてもいい。その人を信じてジャンプして、怪我をすることになったとしても、それでもいい」。そう思えることが共感なのです。

こんなふうに関わるのには、とてもエネルギーが要ります。骨が折れますし、疲れます。根気も要ります。けれども、こうした苦労は、報われてあまりあるものです。

26 共感しすぎるということ

「共感しすぎるということはあるのでしょうか?」

この問いは、なかなか答えるのが難しい問いです。イエスとも言えるし、ノーとも言えます。いずれにせよ共感しすぎるというのは、相手の一つの気持ちに焦点を当てすぎているということです。共感の焦点が固定してしまい、そこを離れることができなくなっている状態です。たいていは相手の中の最も強い気持ち、傷つきの感じを伴う気持ちに焦点が当たっています。ヘビに睨まれたカエルが動けなくなるように、車に轢かれそうな猫が立ちすくんでしまうように、共感の焦点が固定してしまって、その気持ちだけに強烈に動かされてしまっている状態です。

たとえば、先輩社員と人間関係で揉めてから休みがちになっている若い女子社員がいます。あなたは彼女から話を聴くことになりました。彼女は目に涙を溜め、身を固くしながら、しぼり出すように一言、「すごく怖くて……」と言います。そのとき、彼女の表情や姿勢や声から、ただ事ではない怖さが伝わってきました。あなたはただゴクリとつばを飲み、「すごく怖かったんだね」と言うだけで精一杯になってしまうかもしれません。

相手が何かを怖いと感じているときに、一緒になって怖いと感じてしまい、それ以上、一歩も動けなくなってしまう。何らの柔軟な発想も、客観的な情報も、勇気づける影響力も、もたらすことができなくなってしまう。少し落ち着いて考えれば、その人自身が「そんなに深刻に怖がらなくてもいい」と思えるようになるのに必要なことはいろいろとあるはずなのに、何も思いつかなくなってしまう。まるで魔法にかけられたかのように、相手と同じ見方に陥ってしまい、同じ視野狭窄にはまってしまう。

相手が何かをひどく悲観しているときに、一緒になって悲観してしまい、その見方の外に一歩も出られなくなってしまい、それほど深刻に悲観しなくてもいいと思える情報はすぐ手の届くところにあるはずなのに、その情報にまったくアクセスできなくなってしまう。

相手がひどく傷ついて、怒っているときに、一緒になって傷つき、怒ってしまい、そこに何一つ新しい見方も、なだめるような影響力ももたらすことができなくなってしまう。

このような場合に、「共感のしすぎだ」と言うこともあります。これでは相手に変化をもたらすことができないからです。別の人間が、別の視点を持って関わっているという要素が希薄すぎます。

26 共感しすぎるということ

けれども、本質的なところから言えば、このような場合も、決して「共感のしすぎ」ということではないのです。単に「共感の焦点が固定されすぎている」というだけです。「共感の焦点がロックされている」ことが問題なのです。共感の焦点を広げましょう。そうすれば、相手の中に、焦点づけられた気持ちだけではない、他の気持ちがあることが見えてくるはずです。

大事なのはロックをはずすことです。共感している気持ちはそのままにしておきながら、その外側に出てみることです。共感しすぎないようにしたり、共感の程度を引き下げようと努力することではありません。

こうした場合、話し手はもちろん、聴き手のほうも、とても緊張しているものです。まずそのことに注意を向けましょう。肩の力を抜き、深く息を吐きましょう。そこから焦らずゆっくり始めてください。

そうして、少し引いたところから、あらためて、相手が必要としている見方は何だろうか、相手が求めている情報、欲している関わりは何だろうかと思い巡らせてみてください。何に取り組めばこの人は少しでもより生きやすくなるのだろうか、と考えてみてください。そして、なぜその人がそれをしようとしないのかを考えてみるのです。このような場合、バランスの悪い状態が不自然に固定的になっていることが多いと思います。何をもたらせばバランスがよくなるのかを考えてみましょう。

そうすれば、きっと見えてくるものがあるはずです。ほとんどの場合、何か新しい情報を得なければならないというわけではありません。必要な情報はすでに与えられているのです。ただその情報へのアクセスが閉ざされているだけです。

「私のやってきたことなんて何の価値もなかったんだ！」と悲痛な叫びを上げている人がいます。あなたは、その迫力に呑まれてしまい、「何の価値もなかったと感じているんだね」と言う以外、何も言えないような気がしてしまうかもしれません。もしかすると、本当にその通りだと思ってしまうことさえあるでしょう。

けれども、あなたがこれまで、その人のしてきたことを見、あるいは聴いてきたのであれば、それがとても制限された物の見方だということにも、あなたはどこかで気づいているはずです。ただ、相手の迫力に呑まれて、その気づきにアクセスできなくなってしまっているだけです。

このようなアクセス制限状態は、束の間で終わることもあれば、長く続くこともありえます。もし行き詰まったら、「必要な情報はきっとすでに与えられている」ということを思い出してください。そして肩の力を抜き、深く息を吐きましょう。緊張を解いて、共感の焦点のロックをはずしてください。共感の焦点を大きく広げるのです。それだけでかなり場の雰囲気が違ってきます。必ずしも違ったことを言う必要はありません。同じ言葉にも違った響きが宿るようになってきます。

共感の焦点が広がった状態で「あなたは自分のしてきたことに何の価値もなかったと感じているんだね」と言ってみましょう。そこからがスタートです。きっとそれまでとは違う風が吹き込んでくることに気がつくでしょう。そしてその風を感じたなら、次のステップとして「じゃあ、あなたのしてきたことを一つひとつ、一緒に振り返ってみましょうよ」と誘うことができるでしょう。

ここで、この章の最初のほうに挙げた例に戻ってみましょう。

先輩社員と揉めてから休みがちの若い女子社員が、涙を流しながら「もう嫌です。もう辞めます」と言うとき、あなたの共感は、その女子社員の傷つきの感情だけにロックされてしまうかもしれません。そうなると、「とっても傷ついたんだねぇ」としか言えなくなってしまい、それ以上、どうしていいか分からなくなってしまうかもしれません。女子社員と一緒に、ただ無力感に陥ってしまうだけになるかもしれません。そのとき、その共感は、あまり役に立たないものになってしまいます。周りの社員たちは、あなたがその女子社員に肩入れしすぎだとか、共感しすぎだとか、ささやいているかもしれません。

けれども、こういうときにも、その共感そのものが悪いわけではありません。深く息を吐き、ロックをはずしましょう。共感の焦点をもっと大きく広げましょう。その共感の気持ちはそのままにして、その外に出てみます。その外にあるものにも気づきを広げるのです。より大きな気づきの中にその共感を置きます。

そうすると、「どうしてこの子はいつもこんなにすぐに泣いてしまうんだろう？　不思議だな」「どうしたらこの子が誇りと勇気をもって揉めている相手に立ち向かえるよう助けられるだろうか？」といった思いがわいてくるのに気づくかもしれません。「そうか、もしかするとこの子は弱いんじゃなくて、自分の強さを信じられないのかもしれない」「それとも、この子は自分の強さを認めることが怖いのかもしれないな」といった考えがさまざまにわいてくるのに気づくかもしれません。

そのときあなたは女子社員に次のように言うことができるでしょう。

「君はとても傷ついているんだね。どうも君は自分をとっても弱くて傷つきやすいと信じ込んでしまっているみたいだ。自分は強くなれるって、素直に思えないみたいじゃない？」

ここで、共感は弱められたのではありません。広げられたのです。

27 関わりと観察のバランス

共感のベースには、相手と〝関わる〟ことがあります。場合によっては、〝巻き込まれる〟ことと言ってもいいです。つまり、ただ観察することではないし、ただ言葉を聞いて理解することではないということです。

「話を聴く」と言うと、「聴くだけ？　それだけ？」と言われることがあります。あるいは、「聴くことしかできない」というフレーズもよく聞きます。そこには「聴くことは簡単なことで、それしかできないことは申し訳なく感じるべきことだ」というニュアンスが感じられます。

話を聴くことは、単に、観客席から舞台で起きていることを眺めることのように捉えられているのでしょう。つまり、聴き手は決してそこに関わっていかない。舞台に上がっていって、そこで起きていることに自分自身も関与することはしない。舞台の上でいかに惨劇がくり広げられていようとも、舞台上の人物たちがいかに激しい緊張の渦中に投げ込まれようとも、それをただ安全で快適な観客席から眺めているだけだと捉えられているのでしょう。けれども、話を聴くことは、そこに〝関わる〟ことでもあります。すでに話し手にとっての人生の登場人物の一人になることでもあるのです。

「ここに来てても、少しもよくならない。毎週、きちんと来て話しているけど、少しもよくならない！」

S子さんは激しく訴えてきました。

「毎週、きちんと来て、まじめにちゃんと話している、つまりあなたはちゃんと責任を果たしている、なのに、なんでよくならないのって腹が立っているんですね。そこはあなたの責任じゃない。だから……僕の責任？」

「そうは言ってないけど……」

「私はちゃんとやってる、ちゃんと責任を果たしてるって、すごく頑張って言ってる感じだったね。まるで自分にすごく責任を感じてて、その責任の重荷を振り払おうとしてるみたいな」

「……私がダメだから、よくならないんだって思う。いくらきちんと来て話していても、ただそれだけで、中身がないから。私は中身のない空っぽの人間だから、だからよくならないんだと思う。空っぽの人間が空っぽの話をいくらしたって、何も生まれてこないから」

この最後の発言には、S子さんの自分自身に対する感じ方の特徴がよく表れています。この発言を聴くことで、私はS子さんの否定的な自己イメージに触れたような気がします。痛みとともにそのイメージを受け取ります。

「あなたがそう言うのを聞くと、とても切ない気持ちになります。あなたのその言葉は、とうてい空っぽの言葉ではないですね。でも差しあたり今あなたは自分が空っぽだと感じている。そのことにとても印象づけられました。これからゆっくりあなたの『自分は空っぽだという感覚』を一緒に調べていきましょう。空っぽだからどうなのか？　空っぽだったらどうなるのか？　空っぽだと思う理由はどこにあるのか？　どうなったときもう自分は空っぽでなくなったと思うのか？」

カウンセリングでは、聴き手は、穏やかに、ただ聴いているだけです。決して話し手の生活場面に出かけていって何らかの問題を解決してあげるわけではありません。薬を出すわけでもありません。マッサージやお灸などの施術をするわけでもありません。その意味では、ただ聴いていいるだけです。

しかし、それと同時に、ただ聴いていいるだけではありません。ただ観客席から観察しているだけではありません。話し手の人生における一人の登場人物として関わっているのです。自分の心を、つまり感受性を、十分に活かすようなやり方で関わっているのです。

　このように、共感には〝関わり〟が含まれます。もし共感を目指して話を聴くのだとすれば、そこですることは相手の言葉を単に言語情報として処理することではありませんし、単に観察することでもありません。自分自身もその場に〝参加する〟のです。その場に参加して、〝感じる〟のです。そして感じたことをもとに、〝反応する〟のです。より正確に言えば、感じたことがすなわち反応であることもあります。そしてそれはお互いにそうなのです。そうやって二人は、相互に刺激し合い、反応し合い、展開する一つのプロセスを形成するのです。

　そのように関わる姿勢がなければ、さきほどのようなやり取りは決して生まれてきません。関わって、感じ、表現する。相手に巻き込まれて、感じ、表現する。それがカウンセリング現場で行われていることです。

　しかし、単に関わりだけに埋没してしまうなら、どこへ行ってしまうか分かりません。この間、観察の視点も失わないようにします。関わりと観察のバランスを保ちます。共感とは、関わりと観察との間でバランスを取ることなのです。

28 ポジティブな感情への共感

私はカウンセリングを仕事にしているので、共感をテーマにして文章を書くと、どうしても不安、イライラ、憂うつ、無気力、悲嘆といった、いわゆるネガティブな感情への共感をテーマにした話が多くなってしまいます。でも、心地よい、楽しい、嬉しい、面白い、喜ばしい、などのポジティブな感情への共感もとても重要です。

伝統的にカウンセリングや心理療法では、カウンセラーやセラピストは、ネガティブなものに注目し、焦点を当てていこうとする傾向があります。相談に来た人の問題をしっかり捉えなくてはならないわけですから、これはある程度、理に適っています。カウンセラーやセラピストは、訓練課程で、相談に来た人の中にある否定的な特徴、病理的な特徴を見逃さないようにと教えられるのです。ですから、最も病理的なところを鋭く見抜く人ほど有能だと見なされます。

これはカウンセラーやセラピストなどの専門家に限ったことではありません。専門家ではなくても、悩んでいる人や問題を抱えている人に関わる人が、その相手の問題点や欠点など、否定的な面にばかり注目してしまうということはやはりよくあることです。

けれども、否定的なものを変化させていくためには、肯定的な資質や健康的な部分が必要です。そこをしっかりと見ていくことがとても大切です。そのことがしばしば十分に認識されていません。

ポジティブな感情は、「健康増進的感情」とも呼ばれることがあるように、じっくりと味わうことによって、それ自体で、心身の健康を高めます。にもかかわらず、ポジティブな感情の体験を自分に許していない人は意外にとても多いのです。

苦しみは分け合えば半分になり、喜びは分け合えば倍になるとよく言われます。ともに喜ぶこと、ともに楽しむこと、ともに笑うことは、それ自体でとても素敵なことです。

そのためには、まずあなた自身が、自分自身にポジティブな感情の体験を許していることが大切です。あなたはたとえ小さいことであっても、自分なりに何かを達成したとき、それを素直に喜び、じっくりと喜びをかみしめることができているでしょうか？　頑張っている自分を認め、褒めることができているでしょうか？　小さな動物や幼い子どもを可愛く、いとおしく思うように、自分自身をいとおしく思うことができるでしょうか？　この大宇宙にあってはかなく頼りない存在である自分自身に慈しみの感情を抱くことができるでしょうか？

28 ポジティブな感情への共感

ポジティブな感情への共感を妨げる要因には、また別のものもあります。誰かが何かを達成したとき、嫉妬心から素直にそれを喜べないということはよくあることです。もしこうしたことがあれば、そのときには本書のはじめのほうで述べたやり方を実践してみましょう。つまり、そういう自分の反応に気づいたら、それをありのままに感じて、放っておくのです。嫉妬している自分に気づいたら、嫉妬心をありのままに感じ、そういう自分に微笑みましょう。そうして、穏やかにそこから離れます。

一見するとポジティブな感情のように見えて、実は問題を孕んでいるものもあります。たとえば、有名大学に合格した人、一流企業に勤めている人、所得の高い人が、そのことで自分を「価値ある人間だ」と感じ、気分よく感じているとしましょう。そういうふうに感じるのは当たり前のことであって、特に問題視する必要もないことだと思われるでしょうか?

ですが、これらの人たちが、現在の地位を失ったとします。そのとき、単に「困ったなぁ」と感じるだけならよいのですが、それをはるかに超えて自分の存在価値がすべてなくなってしまうように感じたり、恐ろしく不安になってしまったりすることがあるのです。

このような場合には、それまで感じられていた「ポジティブな感情」のすぐ下には、実は不安が潜在しているのです。「有名大学に合格しなければ、自分には価値がない」とか、「一流企業に入社できなければ、自分はもう生きていけない」とか、「高所得でなければ、自分に存在意義はない」とかいった不健全で破壊的な考えが、その人を支配しているのです。

今のところはうまくいっていて、いい気分なんだから、問題視する必要はないでしょうか？　そんなことはありません。むしろうまくいっている今のうちにこそ、問題を見つけ出して取り組んでおいたほうがいいでしょう。

こういう人の話を聴いていると、「嬉しい」とか「気分がいい」とか呼んでいる体験の中身は、私たちが普通に「嬉しい」とか「気分がいい」とか呼んでいる体験の中身とはずいぶん違うような気がします。私からすると、その体験は「嬉しい」と言うよりも「ほっとする」と呼んだほうが的確な感じがします。「私は特別にすごい人間だ」という、自分の心中の暗黙の信念を自分なりに確認できてほっとした体験のように思えます。ですがそれは同時に、「そうじゃなかったら自分は破滅だ」という潜在的な信念の反映でもあるのです。

このような「ポジティブな感情」に接したときには、単純に肯定しづらい、複雑な感じが呼び起こされるものです。相手は「嬉しい」と言っているのだけれども、素直に一緒に喜べないのです。そういうときには、自分のその感覚を大事にしましょう。その感覚こそ、あなたが相手の内的世界をより深く理解し、深く共感していく旅を導くガイドとなるものです。

29 リラックスして話を聴く
――ユーモア、驚きを感じるゆとり

もし会話の場であなたが共感的であるならば、あなたの雰囲気は全般的にリラックスしたものとなっているはずです。カチカチに緊張しながら共感しているということはあまり考えられません。リラックスして、打ち解けた雰囲気であること。それが共感の条件です。まずは相手といてリラックスすることを心がけましょう。

リラックスしていれば、会話に多少なりともユーモアが入り込む余地も生まれてくるでしょう。つらい出来事、悲しい出来事、深刻な話題であっても、互いに安心してユーモアを許容できるような温かな雰囲気の中で話し合えるならば、それはとても素敵なことです。

リラックスしてごく自然に話を聴いていれば、驚くこともあります。けれども、もし聴き手が緊張していると、聴き手のその驚きは表現されません。驚きは反射的な感情なので、リラックスしていないと抑制されてしまいやすいのです。

初心のカウンセラーの実習を指導していると、驚きが不自然に抑えられてしまっている現場によく出会います。たとえば話し手が、自分が上司からされていることがセクハラに当たるのかどうかよく分からないという悩みを話しているとします。最初のうち話し手は、「少し強引に飲みに誘われたことがある」とか、「肩に手を回されたことがある」とかいうことを話していいます。けれども、三〇分ぐらい話した後になって、ちらりと「胸を、こう、触られたりとか」などという言葉が出てきたとします。普通の会話であれば、「えっ！」と声に出して驚くような場面です。ところが、実習中の聴き手は、そこを専門家ぶって「なるほど」と言ったり、とてもフラットな口調で「ほぉ、胸を触られたんですか？」と尋ねたりして、平静を装うことが実に多いのです。

振り返りのディスカッションで、聴き手に、その場面で何を感じていたのかを尋ねてみると、まず間違いなく、内心では「えーっ！」と驚いていたという答えが返ってきます。でもそれを悟られないよう平静を装った、自分が動揺していることを悟られてはならないと思ったというのです。

たしかに、聴き手のほうが動揺した姿を見せてしまっては話し手に気の毒だという配慮は分かります。けれども、聴き手がそのように専門家ぶった立場を守ろうとしていては、真に共感的なコミュニケーションはできないと思います。それに、自分のされていることがセクハラなのかどうか確信が持てないと、ずいぶんためらいがちで迂遠な話し方をしている話し手にとって、反射的かつ即時的に「えっ、そんなことされたの！」と驚く他者の反応こそがリアルで手応えのある反応なのです。おそらく、こうした話し手は、上司から胸を触られたときに心の中に反射的、即時的にわき起こった声（おそらくは「何すんの！」という怒りの声）を封じ込めてしまった結果、自分の感覚がよく分からなくなってしまっているのです。

もちろん、あなたが驚いていないのなら、わざと驚くことはありません。けれども、内心では驚いているのに、そうした生き生きした驚きの反応を隠すことこそがより専門的な関わり方だと考えているとすれば、残念でなりません。

聴き手が反射的に驚くことは、それによって「あなたは少なくとも私にとっては驚くようなことをされたのですよ」と伝えることにほかなりません。多くの聴き手が内心では驚きながらもその反応を隠そうとするのは、話し手にそのようなことを伝えたくないからだと思います。

しかし、聴き手がここで驚く反応を抑えておいて、その後で「あなたはそれをセクハラだとは思わなかったの？」などと尋ねるとしたらどうでしょうか？　そういう展開になることは実はとてもよくあります。これは結果的に、自分自身は感じたことを隠しておいて、相手には感じたことを問うていく展開になっています。これでは、話し手からアンフェアだと思われても仕方がないと思います。それに、感情の自然な反応を抑えた上でくり広げられるそうしたやり取りは、知に傾いた問答になってしまいがちです。話し手は、「どれくらいの割合の女性がこういう行為をセクハラだと感じるのかにもよる」とか、「自分にも悪いところがあったかもしれない」とか、さまざまな論点を挙げながら、知的な議論を展開することでしょう。

聴き手がこの場面で「えっ、そんなことされたの！」と驚けば、その反応は、話し手が上司に胸を触られたときに抑え込んだ話し手自身の反応に直接的に響くことでしょう。いわば話し手自身の中の抑え込まれた声を、聴き手が代理的に発していることになるのです。だからインパクトがあるのです。

30 共感的な愚痴の聴き方

話し手が自分の気持ちを率直に話してくれるときには、たとえそれがつらい話であっても、その話を共感的な態度で聴くことは、比較的しやすいことだと思います。ところが、話し手が自分の気持ちをほとんど語らず、話し手の身近にいる特定の人物がいかに横暴に振る舞ったかとか、いかに不快な発言をしたかとか、いかに嫌な存在であるかといったことを延々と話し続けるような場合、つまりはいわゆる愚痴を話し続ける場合、聴き手がそれを共感的な態度を維持しながら聴くことは困難になってきます。

ちなみに、このように話し手が誰かについての愚痴を話すとき、たいていの人は同意も反論もせずにただ聴き続けるようなことはしないでしょう。むしろ、槍玉に挙がっている人物について、一緒になって議論することのほうが多いでしょう。

聴き手が、話し手と一緒になってその人物を非難する場合、話し手はその場ではストレスを発散できるかもしれません。けれども、話し手は生活場面で再びその人物と接触することになるのです。聴き手があおればあおるほど、生活場面で再びその人物と接触したときの話し手のストレスは上がってしまいます。

逆に、聴き手が、話し手の愚痴の対象であるその人物を擁護する場合、話し手はいくら話してもすっきりしないことが多いでしょう。

カウンセリングの一般的なテキストでは、このように自分の気持ちを話すことなく誰かについての不満を延々と話すような話し手に対しては、「あなたはそこでどのように感じたのですか？」と尋ねてみるよう推奨しています。つまり、その人物との関わりの中で話し手自身がどのように感じているかということを話題に取り上げるのです。これは、話し手の注意の対象を、その人物の言動から引き離し、話し手自身の主観的で内的な世界に移行させる作戦です。しかしこの作戦はそんなに簡単に奏功するものではありません。こうした話し手にとって「自分が感じていること」に注意を向けることは容易ではないからです。

U子さんは、彼氏があまりにもU子さんの要望を聴いてくれないということで相談に来られました。U子さん自身、自尊心が低く、自分を好きになってくれる男性なんてまず現れないだろうと信じていたので、この男性のわがままな性格を知りつつも付き合うことにしたのだということでした。

相談の時間は、毎回、「私はこう言ったけど、彼は聴いてくれませんでした」「彼からこんなひどいことを言われました」「彼からこんな一方的なことをされました」といった話で埋め尽くされました。こういう話をしながら、U子さんはまるで捨てられた仔猫のような目で上目遣いに私を見るのでした。

私ははじめのうちはU子さんの傷ついた心情に波長を合わせながら話を聴いていましたが、同じような話が延々と続くうちに、だんだんと共感的な構えを維持することが難しくなってきました。そこで、「あなたはそのときどんなふうに感じたのですか?」と尋ねてみました。

返ってきた答えは「彼はそういうことを言う人なんだなぁと感じました」です。たしかに言葉の上では私の質問に対する答えにはなっています。けれども、この答えは彼の言動について述べる範囲を出ていません。ただ「〜と感じました」が付け加わっただけです。注意の対象はあくまで「彼の言動」に向かっていて、「自分の内面」には向かっていないのです。

そしてその答えに続いて、再び、いかに彼が横暴でわがままかという話が具体的かつ詳細に延々と続くのでした。

このような話をただ受け身的にずーっと聴いていても、あまり話し手の役には立たないことが多いと思います。どこにも話す場がなくて一人で抱えているという状況よりは、少しはストレスが下がるかもしれませんが、建設的ではありません。

もちろん、このような話し手はとても話したい気持ちが強いので、こうした話を聴いてあげることは重要です。でも、聴き手が次第に共感できないようになってきたり、受け身的な態度で「聞き流し」的になってきているなら、そんな状況で話し手にただ延々と話させておいても、その時間はあまり役に立つものにはならないと思います。


次の面接で、私はU子さんに再びチャレンジしました。

「私はエスニック料理は苦手だって言ってるのに、彼はエスニック料理の店に向かってどんどん歩いて行って勝手に入って行っちゃったんです」

「あなたはそのときどんなふうに感じたのですか?」

「彼はそういうことをする人なんだなぁって感じました」

「なるほど。そう感じたんですね。それで、彼がそういうことをする人なんだなぁって感じたとき、あなたの気持ちはどうですか?　どんな気持ちでしたか?　どんな思いが心にありましたか?」

「私の気持ち?　うーん……よく分かりません……私の気持ち…」

「あーよく分からないんですね。もしかすると、うーん、悲しい?　あるいは……腹が立つ?

いろいろあるかもしれません。いろいろな気持ちや思いが複雑に混じっていることもよくあります。あまり見たくないような不快な気持ちや思いもあるかもしれません。ゆっくり少しずつ解きほぐすように見つめていきましょう。あなた自身が自分の気持ちや思いをよく実感し、自覚し、理解していくことが大事です。そこから、この状況をどうしていったらいいか、どうしていきたいか、何が必要か、といったことがはっきりしてくるでしょう」

「……あんまり自分の気持ちを見ないようにしてきたかもしれません。どうせ自分の気持ちなんて誰もかまってくれないし、自分のことも嫌いだし、自信もないし……」

「そうなんですね。……でも、今そうやって自分のことを話してくれている。自分の気持ちを見つめて話してくれている。これまでそういう話をあなたがすることはなかったですね。今日はあなたからとてもいいお話が聴けた記念すべき日です」

U子さんの目は赤く潤んでいました。

このように、「自分の気持ち」に注意を向けることをしない習慣を長年にわたって発展させてきた人の場合、単に「そのときあなたはどんなふうに感じましたか？」という質問をシンプルに尋ねるだけでは、いったい何を尋ねられているのか、質問の意図がピンときていないことが多いものです。そういう場合には、自分の気持ちに注意を向けるとはどういうことなのか、ありうる例を具体的に示しながら分かりやすく導いてあげることが必要でしょう。「たとえば、悲しいとか、腹が立つとか、みじめな気持ちになるとか。どうかな?」というように。そして、話し手が自分自身の気持ちに注意を向けることの必要性や重要性をはっきりと示しながら、そうするよう励まし、サポートすることが大切です。

31 自分の中にある認めたくない部分

あるとき、中年の男性が面接の中で、印象的な夢の話をしてくれました。

夢の中で、その男性が道を歩いていると、向こうのほうで、小さな男の子が恐怖に凍り付いた顔をして「誰か！」と助けを求めて悲痛な叫び声を上げていました。その男性は、それを見ると、自分にその子を助けられるか、自信がなくなって、恐くなってしまい、思わず次の角を曲がってしまったのだと言います。つまり、その子を見捨ててしまったのです。

夢から覚めて、その男性は、「あの男の子は自分自身だ」と思ったそうです。実はその男性は、大きな病気をして手術を受けたばかりでした。その病気に先立つ数年間、身体が疲れやすく、しんどいなぁと思いながらも、無理をして、身体を酷使して働いていたのだそうです。つまり自分の身体の欲求に気づきながらも、見捨てていたのです。その結果、大病をして入院、手術することになったのでした。その夢は、退院直後に見た夢で、とても強烈な印象を与えたものだったそうです。

面接の中で、その男性は「今でも私はその子を助けられるか、自信がありません。でも少なくとも、傍にいてあげることはできると思います。傍にいて、一緒にいるよ、と言ってあげることはできると思います。心細かったね、恐かったねと言ってあげることはできると思います」と話しました。そのとき、男性の目には涙が浮かんでいました。

この男性は、最初、夢の中の少年に共感することを恐れました。けれども、カウンセリングで夢に取り組み、夢の中の少年にしっかりと共感するところに到達しました。このときこの男性は、自分自身への共感を深めたのだと言えるでしょう。

この男性は、この夢に取り組むことを通して、以前よりも、自分の欲求を大事にする方向に変化しました。身体のメッセージを大事にし、疲れを感じたら、比較的素直に休むようになりました。仕事のペースを落としてでも、身体を休めたり、自分の楽しみを追求するようになりました。人生を楽しむようになったのです。

共感は単に心の中だけの現象ではありません。自分の中で以前は認めることができなかった部分に共感が広がることは、〝生き方が変わる〟ということです。〝行動が変化する〟ということです。

31 自分の中にある認めたくない部分

これは他者に共感する場合にも言えます。長年、カウンセリングに携わっていて感じることですが、ある時期、複数のクライエントに、同じような問題が見えてくることがあります。まるで、同じような問題を抱えたクライエントが、何人も、たまたま同じ時期にやって来たかのように感じられます。長年通っていたクライエントまでその時期になって同じような問題を見せ始めたかのように感じられます。けれどもこれは、むしろカウンセラーの側にそういう心理に対する感受性が拓かれてきた結果だと考えたほうが適切でしょう。

こういうことは、カウンセラーの側に、何らかの〝生き方の変化〟があったときに起こります。これまで共感できなかった自己や他者の心理に共感できるようになることと、生き方が具体的に変わることとは、相たずさえて起こります。

人は、自分自身の中に、共感できないものをたくさん持っています。それは必ずしも悪いものばかりとは限りません。理屈で考えれば、自分にとってよいはずのものに共感できないということはよくあります。

「自分の欲求を少なくとも人の欲求と同じくらい大事にしてよい」「自分が好きだと感じるものを好きだと思ってよい」「必要なときにはうまく人に頼ることも生きていく上で大事なスキルだ」といった考えに心から共感できない人は大勢います。常識的な考え、健康的な考え、人に対してなら気楽に言っているアドバイスを自分には許しておらず、認めていない人も大勢います。

もしそういう領域が自分の中にあると気がついたなら、どのように共感できないのかをありのままに、穏やかに感じることが、共感のスタートです。それ自体がすでに共感です。まずはそこから始めましょう。そういう領域があると気づくことができれば、それだけで大きな収穫です。

32 拒否する人とどう関わるか

人はみんな共感されることを求めています。共感は人の自然な欲求です。けれども、ある種の複雑な傷つきのある人は、共感されることを嫌悪します。見るからに傷ついている人に「傷ついたんですね」と言うと、「何ですか！　馬鹿にしてるんですか！」と怒りだすことがあります。見るからにつらそうな人に「つらいんですね」と言うと、「分かったふうなことを言わないでくれ！」と怒られることがあります。

それではこうした人たちは、本当に他者から共感されたくないと思っているのでしょうか？　それは誤解です。こういう人たちも、心の底では共感を求めているものです。ただ、自分がある種の感情を抱いていることを認めにくかったり、自分の苦しみをまだ他者と共有する準備ができていなかったりするだけだと思います。

こういう人たちに対して、関わり手の側が単純素朴に共感の手を差しのべたとしたら、拒否されてしまいがちです。拒否されたときには、その拒否を落ち着いて穏やかに受け容れることが必要です。時に、関わり手がこうした拒否に対していたく傷ついてしまい、ケアする者とケアされる者の立場が逆転してしまうことがあります。つまり、ケアするつもりで関わろうとしていた関わり手のほうが傷つきを表現し、相手にケアを求めるようになることがあります。当然のことながら、相手がそのケアを引き受けることはありえませんので、両者の関係は難しいものとなっていくでしょう。

阪神淡路大震災のあと、少しですが、避難所を訪問する心のケアのボランティアをしたことがあります。同じボランティア活動に参加した人のなかには、被災者の方から「余計なお世話だ」「帰れ」と、険しい顔で追い払われ、つらかったと言う人もいました。善意からボランティアに参加したのに、そういう反応に出会い、つらい気持ちになったというのも分かります。とはいえ、いくら善意からではあっても、こちらがただ援助者として関わろうとするだけで屈辱感を与えてしまうこともあります。被災者の方々はずっと立派に自立して生きてきて、被災するその日まで、まさかそんなふうに援助を受ける立場になるなんて思いもよらなかったのです。災害によって、突然、不条理にも自立を奪われてしまったのです。それこそが被災者の方々の心の状況なのです。そんな人たちを前にして、ことさらに「あなたは援助を受ける立場ですよ」と強く意識させるような関わり方をするなら、それだけで配慮を欠くところがあると言えるでしょう。そうした配慮が見られない「心のケア」ならば、被災者の方が拒否しても仕方ないと思います。

見るからに傷ついている人に「傷ついたんですね」と言葉をかけて、「違います！　傷ついてなんていません！　馬鹿にしないでください！」とさらなる傷つきを引き起こしてしまったような場合、どうしたらいいのでしょうか？

その人は、自分がいま傷ついていると認めること自体を屈辱と感じているのかもしれません。しばらく後に「あなたは傷ついたとは言われたくないんですね」といった言葉をかけると、落ち着いて聞いてくれることもあります。共感されたくない気持ちに共感するのです。またこういうとき、少し時間をおくことも大事です。

見るからにつらそうな人に「つらいんですね」と言葉をかけて、「分かったふうなことを言うな！」と怒られてしまった場合、どうしたらいいのでしょうか？

その人は、ひどく落ち込んでいて、誰にも心を閉ざしてしまい、誰とも気持ちを共有したくない状態にあるのかもしれません。「こんな目に遭うなんて不条理だ」という思いに支配されていて、他のみんなは幸せで自分だけが不幸な目に遭っているという思いに陥っているのかもしれません。ストレスは視野狭窄をもたらし、客観的に物事を見ることを妨げます。

そういう人に「つらいんですね」と言葉をかけて、拒否されてしまったなら、そのことを受け容れることです。そして「あなたのつらさは他の誰にも分からないね」と言ってみるとよいかもしれません。

関わり手が「あなたは共感されたくないんですね」と話しかけたり、あるいは「あなたのつらさは他の誰にも共感なんてできないね」と話しかけたりするとき、そうした働きかけ自体が、共感的なものになりうると言えるでしょう。

33 自然への共感は生きる力を生む

「共感」の中心は人が人に対してするものにあると言えるでしょう。しかし、いつも人を相手に共感していると、疲れてくるのも事実です。

特に、カウンセラーや精神科医のように、一日中、心に重荷を背負った人の話を、共感を心がけながら集中して聴いていると、疲れてしまうこともあります。これは「心に重荷を背負った人の話だから」ということもあるのかもしれませんが、単に「相手が人間だから」ということもあるような気がします。必ずしも心に重荷を背負っている人でなかったとしても、次々に訪れる人に対して、一日中、真剣に集中して向き合うとすれば、やはり疲れます。そういうとき、「自然」に共感することは、バランスを取る上でとても重要なことだと思います。

休暇を取って、海や山に出かけていき、トレッキングやハイキングに行ったり、海辺でボーッとしたりできればいいですが、そうできなくても、通勤途中に少し足を止めて青い空に浮かぶ白い雲を眺めたり、頬に当たるそよ風を感じたり、遠くの山を眺めたり、空を飛ぶ鳥を眺めたり、足元を歩くアリの歩みをじっくり眺めたりするのも、それはそれで素敵なことだと思います。

イメージするだけでも違います。夜、眠りにつく前に、しばし、天井を見つめながら、天井を通り抜けて、屋根の上、空の上に広がる宇宙をイメージしてみます。月、太陽系の惑星、そして銀河系宇宙をイメージしてみます。宇宙から地球を見つめ、さまざまな変化に富む地形を眺め、そこに棲むさまざまな生き物を想います。

それだけでずいぶん心の状態が変わります。バランスが違ってきます。

ときには人間への共感から離れて、動物、植物、自然の風景などへの共感を深めてみましょう。それがバランスを回復させてくれると思います。この世界は人間だけから成り立っているわけではありません。それを感じることが、人間への共感をリフレッシュさせてくれると思うのです。

ただありのままに自然を感じます。花を見て、感じます。鳥を見て、感じます。猫を見て、感じます。風の感触を感じます。雨の音を感じます。月を見て、感じます。

この宇宙が誕生して一三七億年。その中で地球が誕生して四六億年。太陽から受け取るエネルギーと宇宙に放出されるエネルギーのバランスがちょうど釣り合って、熱すぎず、寒すぎず、水を含むさまざまな物質が存在し、強い放射線に直接さらされない環境の中で、約四〇億年前に最初の原始的な生物が誕生しました。以来、多くの生き物が誕生し、絶滅したりもしながら、多様な進化を遂げてきました。そうして約二〇〇万年前に最初の人類が誕生し、約四〇万年前にわれわれホモ・サピエンスが誕生したのです。

このような事実を前に「ただただ不思議」を感じます。そして、この事実を思うとき、私には、花も、鳥も、猫も、風も、雨も、月も、今ここに生きている私の命と決して無関係ではないような気がしてきます。この「ただただ不思議」という感覚を大事にしたいと思います。この感覚こそが自然への共感の原点だと思うのです。

約五〇億年の後には、太陽が寿命を迎えます。それとともに地球も死滅します。もし人類が現在直面している気象変動の危機を乗り越えたとしても、いつかは滅亡する運命にあるのです。そのことを思うとき、なんだか少し切ない気持ちになります。私個人の死ではなく、私の死後の（願わくばはるか先の）出来事である人類の滅亡や、もしかすると人類滅亡後はるか先の出来事である地球の死滅を思うとき、切ない思いがわいてきます。

そしてそうした思いを胸に、花や鳥や猫や風や雨や月をあらためて眺めるとき、それらの存在の一つひとつがこの上なく愛おしく感じられ、またこのひとときがありえない奇跡と感じられます。

アニマル・アシステッド・セラピーとか、ペット・セラピーとか呼ばれるセラピーがあります。犬、猫、馬、イルカなど、動物との交流を通して、悩みや苦しみを抱えている人たちの心に肯定的な変化をもたらそうとする援助のことです。たとえば、病院、老人ホーム、障害者施設、刑務所、少年院などに、犬や猫を連れて訪問するといった活動です。

こうしたセラピーの記録を読むと、そこには、カウンセラーなどの専門家をも含めてどんな人間からの働きかけにも心を開こうとしなかった人が、動物には手を差しのべたり、ほほえみかけたり、話しかけたりし、ついにはその訪問を待ちわびるようにさえなっていき、そこから人間との交流も開けてくる、といった様子がしばしば描かれています。

「人は人との関わりで傷つき、人との関わりで癒やされる」という言葉もあります。けれども、いくら相手が援助的に関わろうとしてくれているのだと分かっていても、人との関わりそのものがどうしてもつらいという場合もあるでしょう。そんなとき、動物との関わりは素直に受け容れられるということもあります。そこでは、人は動物から共感されているのかもしれません。「自然への共感」について書いてきましたが、ここで述べてきたことは、実は「自然から共感される体験」なのかもしれません。あるいは、自然と一体になる体験と言うのが一番適切なのかもしれません。共感とは、自分と相手との境界がなにかしら曖昧になる体験なのです。

自然と一体となると、おのずから生きる力がわいてきます。力みのない、さわやかでポジティブなエネルギーを自分の中に感じます。それを「自己肯定感」とか、「自信」とか言ってもいいでしょう。つまり、自信を持つのに、頑張る必要も努力する必要もないということです。自然は最初から肯定的なものであり、自分の存在も自然の一部だからです。生まれながらに最初から与えられてきて、いつもただ当たり前にそこにある、自分というこの小さいながらも不思議な自然の存在を、ただありのままに感じるだけでいいのです。

ときおり「根拠のない自信」という表現を聞きますが、これは「黒いカラス」とか「三人のトリオ」といった表現と似て、当たり前すぎる不必要な修飾を伴う不思議な表現です。なぜなら、そもそも、本物の自信には根拠などないからです。「根拠のある自信」のほうが、不自然で力みのある自信であり、人間が人工的に作り上げたものなのです。

自然を、ただありのままに感じましょう。

34 対立する相手への共感

対立する相手に共感するのはとても難しいことです。けれども、しばしばそれこそが最も必要なことです。夫婦、親子、友人、同僚、近所づきあい、民族関係。緊張を孕んだ人間関係こそ、相手の立場への共感が最も必要な人間関係です。

私たちは、対立する相手には共感しないような構えを作ってしまっている、と言えるかもしれません。「うかつに共感したら負けだ」「共感することは許すことであり、絶対に許すわけにはいかないから共感できない」「あんな酷いことをされたのだから許すわけにはいかない。だから共感してはいけない」と考えているのかもしれません。

けれども、もしかしたらあなたの中には、実はすでに相手に共感している部分があるのではないでしょうか？「ああ、この人があのように振る舞ったのも、仕方がなかったんだなぁ」と相手のことを理解し始めている部分があるのではないですか？　でも「そんなふうに共感し

てはいけない」とその部分を強く硬く抑え込んでいるのかもしれません。そうして共感してい
る部分を抑え込むためにも、あなたには、共感できない部分をことさらに探し出し、強調し、
際立たせて、対立感情を強める必要があるのかもしれません。

このような硬い防衛的な構えは、相手との関係を難しいものにするだけでなく、自分自身に
とっても大きな負担になります。それを維持し続けることは、自分自身の人生を蝕みます。

目の前の敵対している相手に共感することはとても困難なことです。あなたは相手に怒りを
感じているでしょう。相手の言っていることに反論することしか頭にないかもしれません。相
手の言っていることがすべて理解不能に思えるかもしれません。そして相手の言っていること
はあなたの大事なものを否定し、踏みにじっているようにしか思えないかもしれません。

けれども、今、しばしの間、まさにそういう相手の視点に立ってみたら、どうなるでしょう
か？　まさに相手のその視点に立って、そこから世界を見たら、どうなるでしょうか？　これ
はあなたにとってとても大きな挑戦であり、とても勇気のいる冒険でしょう。けれども、そう
することは、決してあなた自身の立場の正当性を否定することではありません。あなた自身の
立場の正当性とは何の関係もないのです。ただ、しばしの間、「相手の立場に立ってみる」だ
けのことです。

ほんのしばしのこうした冒険が、あなたにまったく違う世界を見せてくれることが、実はよ

くあるのです。

ある男性は、妻からしばしば「お金が足りないの、節約してちょうだい」と言われていました。そしてそう言われると、稼ぎが少ないと責められているような気がして、とても嫌な気持ちになるのでした。こんなに一生懸命家族のために働いているのにどうしてそんなことを言われなくちゃいけないいんだと腹が立ち、即座に「お前が無駄使いしてるからだろう！　なんで俺が節約しなくちゃいけないんだ！」ときつく言い返していました。そうすると、必ずそこから誰が無駄遣いをしているのかの言い争いが始まってしまうのでした。

けれども、あるときこの男性は知人のカウンセラーからのアドバイスを受けて、試しに妻の視点に立って、ありのままに妻の感じているように感じ取るつもりで話を聴いてみることにしてみたのです。そうすると、「お金が足りないの、節約してちょうだい」という、いつもと同じ妻の訴えの背後に、子どもたちや自分たちやそれぞれの両親の将来について、妻がとても不安に感じていることが初めて伝わってきて驚いたのでした。

そこで彼は「将来のことがいろいろ心配で、それでお金のことが心配になってくるんだな。でも何とかなるんじゃないかな。僕も少しは節約してみることにするから」と素直に言うことができたのです。そしてその上、「君から、お金が足りない、節約してと言われると、なんだか僕は稼ぎが少ないと責められているような気分になって、どうしてもついイライラしてしまっていたんだ」と伝えることさえできたのです。

そのとき妻から返ってきた反応は、彼を驚かせるものでした。「あなたを責めるつもりはなかったの。家族のために一生懸命働いてくれているのに、私、余裕がなくて、お金のことばかり言ってしまって……ごめんなさい」。彼は妻のこの言葉にとても心を動かされたのです。

彼は、これまでずっと自分が妻の立場に立つことも、自分の気持ちを素直に伝えることも、一度もなかったことにあらためて気がつくと同時に、そうすることがいかに気持ちよく、楽で、満足のいくことであるかを知ったのです。彼はアドバイスをしてくれた友人のカウンセラーにお礼とともに言いました。「俺は本当に長い時間を無駄にしてきたと思うよ。もっと早くこうしていればよかったよ。簡単なことなのに、いつでもすぐそこにあったのに、見ようともしなかったんだからな」。

35 悪意の背後にある傷つきへのまなざし

悪人を非難することほどたやすいことはない。
しかし悪人を理解することほど難しいことはない。

——ドストエフスキー

「可哀想な人」「気の毒な人」に共感することは比較的容易でしょう。「悪人」の心理に共感することはずっと難しいものです。利己的な欲望、投げやりな気持ち、嫉妬心、羨望、貪欲、支配欲、殺意、などなどに共感することは、さらに難しいでしょう。

そうした気持ちに出会ったとき、非難したり、説教したり、叱りつけたりしたくなります。怒鳴ったり、殴ったりさえしたくなるかもしれません。私たちは、悪意には悪意で応えたくなるものです。あるいは恐くなるかもしれません。見なかったこと、聞かなかったことにしたくなるかもしれません。冷静に落ち着いてそうした気持ちに接するのはとても難しいことなのです。

私たちは、しばしば自分自身の中にある悪意、敵意、殺意などの破壊的な感情を恐れます。そうした気持ちに堅く蓋をしている人もいるでしょう。そうであればあるほど、他人のそうした気持ちに楽な気持ちで接することは難しくなります。

「死にたい」という気持ちを落ち着いて受け取ることができるカウンセラーでも、「殺したい」という気持ちを受け取ることは難しく感じるものです。

カウンセリング場面で「死にたい」と話すクライエントはしばしばいますが、「殺したい」と話すクライエントはそれほど多くはありません。クライエントにとっても、「死にたい」という気持ちを打ち明けるよりも「殺したい」という気持ちを打ち明けるほうが、より難しいことなのかもしれません。

けれども、「殺したい」という気持ちを抱えて苦しんでいる人は実際にはたくさんいると思います。そういう激しい思いを誰にも言えず、そういう思いを抑えながら、何とか生きている人はたくさんいるはずです。「殺したい」とは言わないにしても、誰かを「死んだらいいのに」とか「死んでほしい」とか思っている人もいるでしょう。

そのような思いを抱きながら生きるのはとても苦しいものです。

誰かがあなたに、誰かを「殺したい」と打ち明けたとしたらどうでしょうか？　あるいは「ボコボコにしたい」と打ち明けたとしたらどうでしょうか？　落ち着いてその人の気持ちを聴けるでしょうか？

その人が「殺したい」と言いながら苦しんでいるのが伝わってくるようなら、その苦しみに共感することはできることが多いでしょう。「殺したい」という気持ちは、その人の苦しみの表現でもあるからです。その人の目から見ると、もう殺すしかその苦しみから逃れる方法はないというように見えるのでしょう。それほどまでに受け容れがたい苦しみがあるということなのでしょう。殺すことには同意できなくても、その苦しみに共感し、苦しみをシェアすることはできるはずです。

その苦しみが理解されシェアされたとき、話し手はずいぶん落ち着きを取り戻し、もう「殺したい」とは言わなくなっていることが多いものです。しかしもし、なお話し手が「やはり殺す以外にこの耐えがたい苦しみから逃れる方法はない」と考えているようであれば、殺す以外にも何か方法がありはしないか、一緒に考えることもできるでしょう。

苦しみがまったく伝わってこないようなやり方で人を傷つける内容が表現されるとき、話し手に共感することは難しい仕事になります。たとえば、高校生の男の子がいじめの計画を楽しそうに話すとき。若い女の子が、田舎のお父さんが一生懸命働いてやりくりした仕送りをホス

35 悪意の背後にある傷つきへのまなざし

トクラブで一晩で使ってしまうという話を悪びれることなく話すとき。こういう話を聴くとき、どんなふうに感じるでしょうか？　聴き手はたいてい、腹が立ってきてしまうものです。このとき聴き手は、その話の中で傷つけられた人に同一化して、代理的に傷つきを感じ、怒っているのです。

ですが、こうした悪意ある話をありのままに聴いていくと、その背後に、話し手の何らかの傷つきがあることが多いように思います。話し手はどこかに傷つきの体験があり、同じような傷つきを相手に体験させようとしているのかもしれません。自分の傷つきを相手にも味わわせることによって、自分の体験を伝えようとしているのでしょう。そのような悪意ある話によって、自分もかつて同じように扱われてきたのだと（あるいは現在同じように扱われているのだと）伝えている可能性があります。

もちろん、話し手はそうしたことを自覚的・意識的にしているわけではありません。私たちは自分が人からされた嫌なことを、気づかないままに人にしてしまいがちです。もちろん、必ずそうなるというわけではありません。傷つきの体験も、しっかりと体験され、穏やかに心に収められたなら、そのように他者に対して反復されることはないでしょう。傷つきの体験が心の片隅に追いやられ、吟味されることも明確にされることもなく、未分化なままに留められているとき、他者に対して反復されてしまうリスクが高まるのです。

このような悪意のある話の背後に、必ず傷つきの体験があると保証できるわけではありませんが、私の経験からはしばしばそうだと言えます。悪意そのものよりも、その悪意の背後にそうした傷つきが感じられるかどうかが、その人と共感を深めていけるかどうかの重要な分かれ目だと思います。話し手の悪意の背後にある傷つきに出会うことができれば、そこに関してはとても率直に共感することができるでしょう。

そのように共感を深めていくことは、悪意や悪行を許すということではありません。共感を深めていくことは、ただ、すでにある悪意や悪行をただありのままに認め、それらをその人とともに落ち着いて見つめていくことです。そして、そのことは、悪意の実行や、悪行の反復やエスカレートを予防することにつながると考えられます。

36 家族への共感はなぜ難しいのか

身近な誰かに対する共感を深めたいという思いから本書を手にとっておられる方もいるかもしれません。実際問題として、家族のような身近な人に対する共感は、距離のある他人への共感よりもずっと難しいものだと私は思います。

家族というのは、とても強い感情を引き起こす人間関係です。愛情、憎しみ、嫉妬、競争心、羨望、感謝、悲嘆、互いが互いにとってさまざまな強い感情を引き起こす対象となります。つまり、冷静に眺めることが難しい人間関係だということです。直接言葉にして伝えるかどうかはともかくとして、私たちは家族メンバーには強い期待を抱き、さまざまな願望を投げかけがちなものです。

さらに、家族は長期にわたる持続的な人間関係です。人にとって最も長期にわたる人間関係だと言っていいでしょう。たとえ家族の誰かが亡くなったとしても、故人との関係が完全に切れてしまうことはありません。この社会にいま生きているさまざまな人たちから、亡くなった○○さんの息子さん、亡くなった○○さんのお姉さん、亡くなった○○さんのお父さんなどと認識され続けます。

家族は、暗黙のレベルでも、明らかなレベルでも、考えを共有し、文化を共有する集団です。家族はたいてい同じ家に住み、同じ食べ物を食べ、同じテレビ番組を見て、同じ生活上の出来事を共有して意見を交わし合い、お互いの様子を観察し合いながら生活しています。そうしているうちに家族メンバーは知らず知らずのうちに同じ価値観を形成し、共有していきます。

子どもが思春期を迎え、反抗的な言葉を口にするようになったとしても、それは氷山の一角に過ぎません。より大きな基本の部分では親の考え方や価値観を受け継いでいるものです。魚にとって水は認識しにくいように、家族メンバーにとってその家族に特有の考え方や価値観や文化は認識しにくいものです。そうした家族の盲点から家族全体の苦しみ、家族全体に及ぶストレスが生じていることは実によくあります。

たとえば、「親子の間での隠し事は裏切り行為である」とか「親の期待に応えることこそが、子どもの親に対する愛情表現であり、親の期待と異なる選択をすることはその子が親を愛していないことを意味する」とか「家族の中で誰か一人が不機嫌であったり、沈んでいたりすることは、家族の幸福に対する悪意ある攻撃である」とか。こうした、家族メンバーが無自覚のままに共有している不自然で無理のある暗黙の前提は、家族メンバーに苦しみやストレスをもたらし、互いへの共感を妨げます。

このように、家族関係は感情的に強い負荷を帯びているとともに、客観的に見ることがとても困難な人間関係です。ですので、自分の家族メンバーを相手にする場合には、他の人を相手にする場合よりも、素直に共感するのが難しいことが多いのです。

ある著名な精神分析家の先生は、雑誌のインタビュー記事の中で、「精神分析家としての実力をつける上で最も鍛えられた経験は何ですか？」と尋ねられて、精神分析を実践した経験でも、精神分析を受けた経験でも、指導を受けた経験でもなく、「家族との経験」と答えておられました。著名な精神分析家の先生でさえ、家族との経験はそれだけ難しいものであり、そこに真剣に取り組むことが精神分析家として力をつける上で有用であったということなのです。それほどまでに家族への共感は難しい種類のものだということでしょう。

もしかすると、家族への共感がうまくいかないと感じている方のなかには、本書を読んで、例に挙げられている聴き手のようにうまく共感できないと落ち込んでいる方がおられるかもしれません。あるいは自分がうまく共感できない家族メンバーが、カウンセリングに通っている場合、その家族メンバーから「カウンセラーはちゃんと共感してくれる」と聞かされて、落ち込んでしまうという方もいるかもしれません。しかし、そうした比較は適切ではありません。カウンセリングの関係は、家族の関係よりも、共感という心の活動にとっては、ずっと自由で、ずっと有利な条件を備えた関係なのです。そのことを忘れないでください。

37

共感が失敗する瞬間
――愛情と虐待の表と裏

家庭でのしつけ、学校や塾での勉強、部活や地域のクラブチームでのスポーツのコーチ、職場での仕事の指導、音楽教室でのレッスン。内容は違っても、親や先生や指導者がヒートアップし、子どもや生徒や部下が思うようについてこないと、怒鳴る、叩く、不合理で過重な課題を強制する、などなどの苦痛を一方的に相手に与えるようになっていくことがあります。

こうした行きすぎた行為は、家庭では「虐待」、学校では「体罰」、職場では「ハラスメント」と、それぞれ違った名前で呼ばれることが多いですが、その本質は同じです。

そうした上下関係において「愛情をもって導くこと」と「虐待すること」とは一見したところ、まったく正反対の行為のように思われます。たしかに一面において、これらは正反対のものです。しつけや教育や指導は相手のためを思って愛情をもってなされる行為であるのに対して、虐待は相手を痛めつけようとする意図をもって相手に怒りや憎しみをぶつける行為です。

教育は〝相手中心〟の行為であるのに対して、虐待は〝自分中心〟の行為です。

しかしながら、実際には両者は非常に区別しにくい性質のものでもあります。虐待的な親が、常に虐待的で、冷酷きわまりないのであれば話は簡単ですが、実際にはそんなに単純な形で凝り固まったケースばかりではありません。

愛情と憎しみとは、むしろ分かちがたく入り交じっていることが多いのです。強い愛情を抱いている対象が思い通りにならないときに、強い憎しみが生じてきます。虐待する親はしばしば子どもに対して、愛情、不安、憎しみの強く入り交じった思いを抱いているものです。

親であれば誰でも、自分が愛する子どもに対して冷静さを失い、思わず虐待的になってしまっている瞬間に気づいた苦い経験があるのではないでしょうか。また、教師であれば大事な生徒に対して、上司であれば部下に対して、思わずカッとなって虐待的になってしまった瞬間の苦い経験があるのではないでしょうか。

思わず怒鳴ってしまったり、物を壊してしまったり、相手を叩いてしまったりしたこともあるかもしれません。カッとなって虐待的となり、衝動的に行きすぎたしつけや体罰、ハラスメントをしてしまったとき、そうなっている自分に気づき、怖くなってそこから退却した経験がある親や教師や上司は多いのではないかと思います。

このように虐待的となることは、不幸な人間の欠点ですが、避けられない欠点でもあります。

そしてまた愛すべき欠点でもあると私は思います。愛すべき欠点と言うのは、そこには相手に対する本気の関わりが表れているとも思うからです。相手を本気で心配しているからこそ、真剣に怒りもし、冷静さを失いもするのです。

ただ、それは虐待の言い訳にはなりません。愛すべき欠点だとしても、やはり欠点は欠点です。カッとなって叩いてしまったとき、「これは愛の鞭だ」と開き直ることは卑怯なまやかしだと思います。やはりその行為は「ごめんなさい。悪かったね」と率直に謝るべきことがらです。率直に謝ることは強さであり、それ自体が大切な教育です。率直に謝る行為自体が、親として、教師として、上司として、示すべきモデルなのです。

相手のことを本気で考え、本気で心配し、本気で関わるとき、思わずカッとなって暴力的になってしまう。そのような瞬間を「魔がさした」と言ったりします。「正気を失った」とも言います。そういうときには、相手に対する共感は失われています。「相手にとって何がいいことなのかは自分が一番よく知っており、相手はただその考えの通りにやればいいのだ」という自分中心の独善的な見方に陥ってしまっているのです。残念なことですが、人間にはそのような傾向が本質的に備わっているようです。そのようなことを人生から完全に排除しようとすれば、「誰にも本気で関わらないこと」以外に道はありません。

むしろ問題は、我に返ったときにあります。我に返ったとき、率直に自分の過ちを認め、軌道修正ができるかどうかにあります。そこでなお、「これは必要な体罰だ」などと自己正当化に走るなら、このプロセスが永続化し、エスカレートしてしまう危険性が高まります。

小さな虐待的エピソードでの小さな共感のほころびを、その都度、その都度、ていねいに修復していけば、人間関係の絆はむしろ深まり、信頼感や安心感が増していくものです。

ところが、小さな虐待的エピソードを正当化し、共感のほころびを手当てせずに放置するならば、人間関係はすさみ、ますます力で支配しなければならなくなっていくでしょう。ここで述べているような日常的な小さな虐待的エピソードではなく、犯罪レベルの虐待の事件は、そうした自己正当化の結果、プロセスが永続化しエスカレートした終着点なのです。

カッとなってしまって、虐待的となってしまう瞬間は、まさに共感があからさまに失敗した最悪の瞬間です。けれども、とても逆説的なことですが、共感があからさまに失敗したこうした最悪の瞬間を修復する作業が、共感を深めます。共感は、「共感の傷つき」を共感自体で癒やし、それによって太く育つのです。

38 調教名人は罰を使わない
――相手を信頼すること

「虐待」の話をしたので、少し寄り道になりますが、しつけや指導における「罰」の使用について、少し考えてみたいと思います。

私たちは、誰かの行動に腹が立ったとき、すぐに相手のその行動に〝罰〟を与えてやめさせようとしがちです。にらむ、声を荒げる、怒鳴る、机を叩く、物を投げる、物を壊す、叩く、つねる、などの威嚇的、暴力的行動で相手を心理的に脅したり、身体的に痛みを与えたりして、その行動を排除しようとしがちです。けれども、往々にしてこうした罰はうまく働きません。むしろ思わぬ副作用を引き起こしがちです。

まず第一に、罰は相手との関係を悪化させてしまうことが多いものです。相手はこちらを避けるようになるかもしれません。逆に、攻撃的になるかもしれません。そうなると、こちらが怖い目にあうことになるかもしれません。さらには、ひどく罰を与え続けていると相手の心身の状態が悪化したり、無気力に陥ってしまうこともあります。

いずれにせよ、罰を与えるというまさにその行為が、相手に報復の動機を与えてしまいます。そしてその報復の手段は、相手の手中にすでに与えられています。相手はこちらが腹を立てているまさにその行動を、維持したりエスカレートさせたりすればよいのです。それが簡単で効果的な報復になるからです。

客観的に観察する力があれば、罰を与えても、実際上、まったく期待した効果が上がっていないことが結果から見て取れることが多いと思います。こちらとしては罰を与えているつもりでも、それは単に怒りを感情の赴くままに発散したに過ぎず、効果的な罰とはなっていないことも多いでしょう。

自分がフラストレーションを感じるからという理由で相手の行動を変えようとすると、たいてい、その相手は反発します。その結果、逆に相手の行動は変化しにくくなります。むしろ、相手の行動を変化させようとする努力を放棄し、相手の行動を受け容れたとき、不思議なことに相手の行動が変化し始めるということは実によくあります。

愛するわが子にこうあってほしいと願い、そうでないと不安になり、注意しても直らなければだんだんと腹が立ってくる。その怒りは、結局のところ、わが子の行動を変化させる上でとても邪魔になります。心から率直に自分を振り返れば、子どもを叱っているとき、子どものた

38 調教名人は罰を使わない

めを思って叱っているのか、自分の怒りを発散しているのか、もはや区別がつかなくなっていることは多いのではないでしょうか。それでは子どもは変わることができません。

馬や牛や犬の調教名人と呼ばれるような人は、どの人も申し合わせたように罰を用いていません。世界的な馬の調教師モンティ・ロバーツ。チンパンジーに図形文字を教えた松沢哲郎。セラピー犬を育てた山本央子《なかこ》。いずれも罰は用いていないのです。これらは、よくよく認識していただきたい事実であります。

彼らは、よい行動をほめてご褒美を与えることをしつけの基本としています。そして、叱らずにすむ環境を整えます。そうやって罰を使わないですむようにできるだけ工夫するのです。どうしても罰が必要な場合には、しばらく無視するとか、しばらく遊んでやらないといった消極的な罰（嬉しいことを差し控える罰）を用います。そして、積極的な罰（苦痛を導入する罰）は用いません。

なんと人道的な扱いなんでしょうか。彼らに調教された馬やチンパンジーや犬は、しばしば多くの人間以上に人道的な扱いを受けていると言えるでしょう。そしてそのような指導のもとで、高度のパフォーマンスを効果的に学ぶのです。

われわれにできるのは、まずは「相手を信頼する」ことです。変わるか変わらないかは相手が選ぶことなのです。そして、もし相手が変わりたいのであれば、それを助けることです。われわれに相手を変えることはできないのです。

39 まず模倣から始めよう

もしかすると読者のなかには、本書で述べられている共感のスキルについて、不自然だと思われる方があるかもしれません。私は一方で共感の中核的な要素は、「ただありのままに自然に感じることにある」と述べています。そして一方では「共感は訓練によって高められるスキルである」とも述べています。これらの記述に矛盾を感じて混乱される方もいらっしゃるかもしれません。こうした点について、ここで説明を加えておきます。

「ありのままに自然に感じる」ことは、シンプルなことですが、実際にはかなり難しいことです。ですからこれはそれなりにスキルフルなこと、つまり努力して習得する必要のあることです。深層心理学を切り拓いたカール・ユングが「自然に逆らうのが人間の自然な性質である」と言っているように、何らの自覚も訓練もなしの自然状態においては、「ありのままに自然に感じる」などということを、人はまずしないものです。つまり、それは相当に不自然なことなのです。

共感を「表現するスキル」は、「感じるスキル」よりも、より見えやすく具体性の高いスキルです。しかしその分、それを意識的に行うとしたら、不自然だとか、わざとらしいとか、演技的だと感じられやすいものだと思います。また、実際そうなのですから、そう感じられても当然だと思います。

このことと関連して、カウンセリングの名人のなかには、「共感できるかどうかは大事なことではない。共感している振りがうまくできるかどうかこそが大事だ」と主張する人もあります。共感している振りをするなんて、相談に来た人に対して不誠実だと嫌悪感を感じる人もいるかもしれません。けれども、この主張は重要なことを示唆していると思います。

つまりそれは、「共感は自然のままでは進歩しない」ということを示唆しているのです。もしあなたが共感的でありたいと願いながら相手と関わって、あなたの自然のままに反応すると、単に説教をしたり、単に相手をわがままだと断定したり、相手に自分の過去の姿を重ねて独りよがりに涙したりすることになるのであれば、その反応を自然のままに放出するのではなく、共感している振りをするほうがよほどよいということです。たとえ拙くとも、そうやって共感的な人がするであろう反応を真似てみることから、これまでとは違う何かが始まります。進歩はしばしば模倣から始まるのです。形から入って、そこに魂が宿るのを待つのです。

共感は、「純粋なもの」というイメージに過剰なまでに彩られています。そのため「共感の振り」はまるで不誠実きわまりない行為ででもあるかのように思われがちです。しかし、そんなことを言っていたら進歩はありません。

盆栽の松の木は、水道管のようではないという意味では確かに人工的ではなく、きわめて自然な印象を与えるものです。しかしその自然は、注意深く人為的に美しく造作された自然です。実際にあのような枝ぶりで自然に生えている松の木はありません。

共感も、盆栽の松の木のようなものです。一方ではそれは、きわめて自然なものであって、何らの努力なしに単に心に浮かぶままのものであり、それを素直に表現したものです。それと同時に、その人の日頃の精進の賜でもあるのです。

私は、ほぼ毎朝、顔の筋トレをします。目をぎゅっとつぶって、パッと大きく見開く。「い」と口を横に大きく開き口角を挙げ、「う」と口をとがらせて突き出す。それを何度もくり返します。これもまた共感のトレーニングの一つです。結局のところ表情は筋肉の動きですから、いくら内面の感情が豊かでも、表情を司る筋肉が衰えていては細やかな表現はできません。

共感はたしかに何らの努力なしに心に感じられるものが基本です。しかし、それを効果的に表現し、相手の心に届けるためには、生き生きとした表情筋の動きが必要です。それには表情筋の筋トレも大事なことなのです。決して些末なことではありません。

40

どうしても共感できないとき

前にも述べたように、共感はできるか、できないかといったような白黒はっきりしたものではなく、曖昧なものです。ですから、「分からないという感覚に出会ったとしても、共感の可能性に開かれた態度で相手に関わっていくこと自体を共感のプロセスだと考えよう。そこから共感が始まるのだから」というのが本書の基本的なスタンスでした。

けれども、いかにそのようなスタンスで関わっていっても、関われば関わるほど、やっぱり分からないということもあるでしょう。どうしても、どこまでいっても、共感できないという感じばかりが生じてくるということもあるでしょう。

本書は共感の技術について私なりに述べたものではありますが、私は読者に「誰とでも、いつでも共感はできます」などと約束するつもりはありません。「共感できない」ということもありえます。共感は曖昧なものだということは、共感できないことはありえないという意味ではありません。

誰にとっても共感できない人はいます。あるいは、共感できない行為をする人はいます。問題はそこでどうするかです。そんなときに、あくまでも共感を追求してやまない姿勢は、実は共感できない人や共感できない行為が存在することをかたくなに受け容れない姿勢なのかもしれません。

たとえば職場の若い部下の言動がまったく理解できない、理解しようとしてねんごろに話を聴いてみても、聴けば聴くほどますます理解できないということもあるかもしれません。

課長のDさんは、「うつ病で出社するのがしんどい」と言って遅刻しがちな若手男性社員のKさんの話を聴いてみることにしました。すると、彼は、毎晩パソコンでネットゲームをしてかなり夜更かしをしているということが分かります。D課長は、「早く寝たほうがいいんじゃないのかな。しんどいんだろう?」と気を遣いながら、ていねいな口調で助言してみます。しかし若手社員のKさんからは「まあ、それはよく分かってるんですけど、どうしてもやめられないんです」という返事が返ってきます。D課長は「どうしてもやめられないって、どういうこと?」と穏やかに探ってみます。けれども、どうしてもう少し早くゲームをやめられないのか、Kさんの説明を聴いてもどうにもまったく理解できませんでした。

係長のEさんは、若手男性社員であるIさんの直属の上司です。Iさんは地味でおとなしく、何を考えているのかよく分からないけれども、とにかく指示はきちんとまじめに守る部下でした。ところが最近、別の部署の新入女子社員のFさんが、彼女の直属の上司に、Iさんからストーカー的なセクハラをされているという苦情を訴えたというのです。会議で検討された結果、ひとまずE係長がIさんから話を聴くのがよいだろうということになりました。そこでE係長は、Iさんに、Fさんが訴えた内容に沿って「君は最近、Fさんに一日七通とか一〇通とか、メールを出しているそうだね」とか「退社時刻に廊下で待ち伏せしていたことがあるらしいじゃないか」とか事実確認をしていきました。するとIさんは「はあ。そうですけど？」と、あっさり事実を認めました。けれども「Fさんは嫌がっているし、怖がっているんだよ。相手をそんな気持ちにさせていることについて、どう思っているの？」と尋ねると、Iさんは平然と「ちゃんと話を聴いてくれれば、Fさんも僕の気持ちを分かってくれるはずです。彼女が聴いてくれるまで僕は同じことをやり続けます」と言い、話はまったく噛み合いませんでした。その後、いろいろなやり取りを重ねましたが、E係長にはIさんの気持ちがまったく理解できませんでした。それどころか、話せば話すほど距離感が大きくなっていくばかりでした。

以前にも述べましたように、共感は個人の心の中で完結する現象ではなく、複数の人の心の間に響き合いながら展開するプロセスです。あなたが誰かと関わろうとして、その人に共感できないとき、それは単純にあなた一人の責任の範囲の事柄だとは言えません。共感は共同作業ですから、いくらあなたが共感の可能性に対してオープンに関わっていったとしても、相手が心を閉ざしていれば、共感はできません。あるいは、相手とあなたとの心の波長があまりにも違っていれば、どちらの責任というわけではなく、響き合うことはできないでしょう。

そのようなときには、共感の可能性に開かれ続けることは大切ですが、それ以上に、共感できないことを否認せず、「少なくとも今は、相手に共感できない」ということを素直に認めることが大切です。そして、いたずらに自分を責めたり、相手を責めたりしないことです。

共感できないならできないで、そのことを認めた上で、その相手にどう関わるか、自分はどうするのかを現実的に判断していく必要があります。共感できないことを認められないために、共感できるようになるまで判断を先延ばしにするのはよくありません。そんなことをしていたら、いつになったら判断ができるのか、分かりませんから。

たとえば、D課長は、Kさんに、うつ病であると思うのならちゃんと病院を受診するよう勧め、もし病院にすでに行っているのなら、職場としてどう関わったらよいか、医師に意見を聞いてもいいかを尋ねてみてもいいでしょう。同時に、このまま遅刻が続けば勤務評定に影響が出ることや、その結果どのような不利益がありうるかを伝えておくことも必要でしょう。

二つめの事例のE係長は、Iさんに、Fさんは嫌がっていること、このまま同様の行動を続ければFさんが警察に相談することもありうること、会社としてもセクハラとして取り上げる可能性があることを伝え、またそうなった場合にIさんが直面するであろう事態と、さらに、それを防ぐにはメールや待ち伏せなどの行為をやめることが求められていることをはっきり伝える必要があるでしょう。

こうしたことを、あまり威圧的、感情的にならずに、穏やかに、落ち着いたトーンの声で伝えられるとよいでしょう。しかし、しっかりと力強く伝えます。その上で、相手がそれについてどう感じているか、どう思うのかを尋ねてみます。


なかなか話が噛み合いにくいと感じている人と、難しい話題について効果的に会話しようとするのなら、常日頃の観察を活かしてセッティングを工夫することも重要です。

その人とのコミュニケーションが少しでもうまくいきやすい時間帯はないでしょうか？　午前と午後とで違いはないでしょうか？　その人とのコミュニケーションが少しでもうまくいきやすい人はいないでしょうか？　そういう人がいるのなら、その人と一緒に伝える、あるいはその人から伝えてもらうということも考えられます。単に口頭で聴覚的に伝えるよりも、書面にして、あるいは図式化して視覚的にも伝えたほうがよく伝わるということはないでしょうか？　場所の条件はどうでしょうか？　騒音、広さ、部屋の色調などの違いによって、その人のコミュニケーションの円滑さに違いはないでしょうか？

日頃の観察に基づいて、少しでも効果的に話し合いができそうな状況をセッティングするように工夫します。

このようにして、じっくりと穏やかに対話していくと、共感できるような話へと展開していくこともあります。もちろん、そうならないこともあります。

41 ハイテク医療に求められる共感的関わり

人間にとって、病気や怪我の克服はとても重要な課題でしたし、今もなおそうです。病気や怪我で死ぬことや苦しむことを何とか克服しようと、人間は歴史を通して絶えざる努力を払ってきました。

その努力の多くは呪術的なものであったり、かなり当てにならない経験によるものであったりしました。しかし、この数百年の歴史の中で、科学技術の力によって、人間はたくさんの病気や怪我を加速度的に克服してきました。現代の日本の社会においては、世界的に見ても高度の医療技術が広く提供されています。つい十数年前であれば大手術であったような病気が、簡単な手術で治せるようになったり、切開してみないと分からなかったような身体の深部の様子を切開せずとも詳細に見ることができるようになったり、失われた臓器を人工臓器で代替できるようになったりと、近代のハイテク医療の進歩には目覚ましいものがあります。

41 ハイテク医療に求められる共感的関わり

しかしその一方で、そうしたハイテク医療の現場は、非常に忙しい現場でもあります。命を救ってほしいと願っている患者はたくさんいます。医師も看護師も検査技師も、みんな忙しくしています。病棟では看護師はPHSを持っていて、常にたくさんの受け持ち患者からのナースコールに応えています。看護師といえども、ゆっくり話を聴くこともままなりません。

カルテは電子化されており、医師はモニターを見ながら診察します。こうしたハイテク医療においては、診察に必要な情報は患者ではなくモニター上にあるのです。患者が検査を受けると、検査結果は直ちに電子カルテに書き込まれます。そうして、必要な情報はすべてモニター上に集約されます。医師は患者の身体に触る必要もなく、聴診器を当てる必要もありません。脈を取る必要もありませんし、舌の色や爪の艶を見る必要もありません。MRI検査やPET検査で身体のもっともっと奥深くの詳細な画像が得られているのに、どうしてそんな原始的な診察をする必要があるでしょうか。

スタンフォード大学教授のエイブラハム・バルギーズ医師は、現代のハイテク医療において、患者はもはやパソコン上のデータに過ぎなくなったと言っています。彼はこのデータのことを人気のスマートフォンやタブレットの名前をもじって「アイ・ペイシェント」と名づけました。彼は、現代のアメリカの病院では「アイ・ペイシェント」が手厚いケアを受ける一方で、本物の患者は放ったらかしにされていると言っています。そして、医師が患者の話を遮らずにじっくり聴くこと、そして自らの手で患者の身体に触れながら丁寧に診察することが、医師と患者の関係に影響を及ぼし、その医師の治療に大きな治癒力をもたらすと主張しています。

私もバルギーズ医師の言う通りだと思います。現代のハイテク医療は、患者を身体的に治療する非常に高度の技術力を提供します。それは本当に凄いものです。けれども、患者に対する心理的なサポートは大変希薄です。現代のハイテク医療においては、医師も、看護師も、検査技師も、患者とじっくり関わることはできません。患者のさまざまな不安や、生きる意味、病気の意味、治療の意味についての問いかけなどに付き合うことはできないのです。

もちろん、医師や看護師や検査技師はとても親切に丁寧に病気や治療や検査の説明をしてくれます。しかし、やはりそれらはあくまでも説明に過ぎません。すべてがシステム化され、効果的に処理されるようにできています。本当の人間的関わり、深く情緒的な関わりは非常に希薄な世界なのです。


ここで少し私自身の体験をお話ししましょう。私は五一歳のとき、髄膜腫という脳腫瘍の一種を患い、入院しました。頭蓋骨を開いて腫瘍を摘出するという大きな手術を受けました。そんなことがたった二六日間の入院でできてしまうのです。まさにハイテク医療のおかげです。それは本当に驚くべきものでした。幸い、良性の腫瘍でしたし、全摘出できて無事に今日に至っています。主治医をはじめ、お世話になった医療スタッフのすべての方々には感謝の気持ちでいっぱいです。

その一方で私は、病気をきっかけに、自分のそれまでの生き方に大きな疑問を抱くようになりました。一つ間違えば死んでしまっていたかもしれないような病気になったことは、自分の生き方を大きく揺さぶりました。自分はこれまで何のために生きてきたのか。これから何のために生きていくのか。病気には何の意味があるのか。そうした問いが圧倒的な力をもって私に迫ってきました。けれども、ハイテク医療は私のこうした問いにはまったく答えてくれませんでした。ハイテク医療は、私の腫瘍を取り除くことにかけては圧倒的な力を見せつけるものでしたが、こうした問いに関しては完全に守備範囲外のようでした。

私は、この問いに取り組むためのサポートを、サイモントン療法という、がんをメインターゲットとした心理療法的アプローチに求めました。サイモントン療法は、心理療法的アプローチですが、がんをメインターゲットとしているというところに見て取れるように、「心理」だけを対象としたものではありません。サイモントン療法では、精神腫瘍学や精神神経免疫学の知見とも調和して、心と体を切り離された別々のものとは考えず、同じ一つのプロセスとみなして働きかけるのです。そして、生きる意味や病の意味や死の意味などについて、患者に表現を促しながら、一緒に話し合い、探究を深めていきます。

私たちは、ハイテクの素晴らしい科学的医療を手に入れました。しかしその医療の中では、まったくハイテク不要の人間的なサポートは希薄化しています。それは決して偶然ではなく、おそらくハイテク医療が人間の身体を徹底的に物体として解明し、処置していこうとするものであることと関連しているのだと思います。人間を徹底的に物体として見る見方によってこそ、ハイテク医療は現在のように圧倒的な力を持つものとして発展することができたのです。言うなれば、ハイテク医療は、じっくり共感するような人間的関わりを削ぎ落とすことによってこそ発展してきたものなのです。

一方で、患者は人間的なサポートを切実に必要としているということは明らかです。その欠乏を補う何らかの道筋が必要だと思います。サイモントン療法は一つの答えでしょう。他にもさまざまな統合的な治療が提唱されています。こうした人間的サポートは、人類の発祥とともに存在してきたものであり、ハイテク医療がなかったかつての時代にはより豊かに力強く存在していたものだと思われます。現代では、皮肉なことに、それが逆に貴重なものとなっているのです。

42 死を想え、そして共感を生きよう

本書の冒頭において、共感は、個人の境界に関わるものだということを述べました。共感は、個人と個人とが完全に切り離された存在ではなく、どこかで響き合っている存在であることを前提とした概念であるということを述べました。

経験的に言って、死や病や障害や孤独などの受容は共感能力を高めるものだと思います。人生は一度きりであり、過ぎ去った時間は二度と帰ってくることはなく、自分はいつか死ぬということを受け容れている人は、共感する力が高いと思います。同様に、人生において何かを選ぶということは、他を選ばないということであり、選ばれなかったものを自分は決して生きることができないということを受け容れている人。何らかの病気を抱えている人で、それを受け容れている人。何らかの障害を抱えており、それを受け容れている人。人は一人で生まれてきて一人で死んでいくのであり、個人は唯一無二の存在であって、その意味で孤独であるという

ことを深く認識し、受け容れている人。これらの人は、共感する能力が高いと思います。
これらはすべて、人間の限界に関する事柄です。限界をしっかりと認識し受け容れた人は、そうでない人よりも共感する能力が高いのです。

「個人と個人は、どこかでつながっている。響き合っている。個人の境界は決して絶対的なものではない。共感はそれを示す現象だ」

たしかにそうです。そして一見したところ逆説的なことですが、その共感を深めるのは、個人の境界をしっかりと認識することなのです。個人の境界をしっかりと認識していればしているほど、共感の懐は深くなるように思います。

私も、あなたも、いつかは死にます。この本も、いつかは色あせた古本となって忘れられていくでしょう。「すべてのものがいつかは失われる」という認識が、優しさや慈しみの感情をもたらします。この人生のこのひとときがいかに貴重なものであるかに気づかせてくれます。

「死を想え（メメントモリ）」と言われると、怖く感じる人もいるかもしれません。

人は誰しも死を恐れます。死は誰にとっても未知のものですから、それは当然のことです。しかし現代人は、昔の人々以上に死を恐れているようにも見えます。現代人にとって、死は終わりであり、生の敗北であり、無に帰すことであるからです。つまり、現代人は、生を、あまりにも個人の境界線で閉じられたものとしてのみイメージしているのです。そのようなイメージは死の恐怖をいっそう強めてしまいます。

共感は、この個人の境界線を揺さぶるものです。共感は、個人と個人がその境界線を超えてどこかでつながっていることを実感させる現象です。もし人が日々共感を実感しながら生きるなら、その人の死の恐怖は和らいでいくでしょう。その人は、自分の命が自分の境界線の中に完全に閉じ込められたものではなく、他の人々に開かれたものであることを実感しているからです。他の人々や他の生き物やこの宇宙全体に開かれたものであることを実感しているからです。そのとき、自分の死は、たしかに自分という個体の死ではありますが、終わりでも敗北でも無に帰すことでもありません。ちょうど、個体の新陳代謝において、一つの細胞が死に、新しい細胞が生まれ、みずみずしい命が維持されるのと同じです。自分という個人の死も、生命の大きな流れの中の一つの出来事として捉えられます。そうやってみずみずしい生命の大きな流れが維持されるのです。

共感を生きることです。知的に理解するだけでは、死の恐怖が和らぐことはありません。実際に共感を生き、実感することです。その世界を身をもって体験することです。

本書がそのためのガイドブックとなれば幸いです。

あとがき

ある日、創元社の渡辺さんから、共感の技術について本を書いてみないかというお話をいただきました。かねてより信頼し、尊敬しているベテラン編集者の渡辺さんから、まさかそのようなお話をいただくとは……。そんなことは予想もしていなかった私は、とても光栄なこととは思いつつも、そのテーマで一冊の本になるほどの内容が自分に書けるかなぁと、正直、自信がありませんでした。そこで渡辺さんには「とりあえず書いてみますけれども、書き上げられるかどうかは自信がありません」と率直にお返事させていただきました。渡辺さんも「それで結構です。先生の書けるペースで、書きたいように進めてください」とおっしゃってくださいました。

「自信はない」という言葉に決して嘘はありませんでしたが、このようなチャレンジを与えられると、がぜん張り切ってしまうところもある私です。さっそくその日からパソコンに向かって、思うところをつらつらと書き始めました。そうすると、あれも書いておこうか、これも書いておこうか、あぁ、こういうことも書いておかなくちゃと、次々に書くことがわいてきて、結局、ひと月あまりの間にほとんど指定枚数に達してしまいました。

もちろん、その後には、その草稿をもとに加筆修正し、推敲を重ねていく地味な作業が続きました。さまざまな事情で数カ月間塩漬けにした期間もありました。にもかかわらず、最初にお話をいただいてから七カ月後には原稿はほぼ現状の形をとるに到っていました。他の人がどれくらいの速さで本を書くのか知りませんが、私としては、これは異例の速さです。そして、今、こうしてあらためて読み返してみると、この本は本当に自分が書いたのかなぁとさえ思ってしまいます。

それはそうと、今回、本書に取り組んでみて、私の共感の捉え方は、いくつかの点において、これまでのオーソドックスな心理学における共感の捉え方とはかなり違っているということに気がつきました。詳しくは本文を読んでいただきたいと思いますが、こうした私なりの捉え方を表現したい、なおかつ、その実用的な利点とともに分かりやすく伝えたいという欲求が、私にとって本書執筆の基本的な動機の一つとなったことは確かです。

こうして、私なりに共感について思うところを存分に述べてみましたけれども、決して私はいつでも誰とでも共感できる人間ではありません。そんな人がいるとも思っていませんし、そんな人になりたいとも思っていません。ただ、共感はふと気がつけばどこにでもある現象で、それに興味を持って注目していけば、育むことのできる現象であるとは思っています。

私がこれまでのカウンセリングの実践経験の中で理解してきたことを、できるだけ分かりやすく伝えることが、一般の方々の生活の質の向上に少しでも役立てばと願っています。一般の方に向けて書く経験を重ねることで、少しずつですが、易しく書くことを学びつつあるような気がします。妥協せずに、しかし易しく書くというのは本当に難しいことです。ピカソは晩年になって、「ようやく子どものような絵が描けるようになった」と言ったそうですね。次はもっと易しく書けるよう、さらに精進していきたいと思います。

最後に、さまざまな形で本書に寄与してくださった方々にこの場を借りて感謝の気持ちをお伝えしておきたいと思います。当然のことながら、これまでに相談場面で出会ってきた多くのクライエントさんたちとの豊かな経験は、本書の最も重要な基礎となっています。また、カウンセリング講座における受講生のみなさんとの興味深いやり取りは、講師としての私を鍛えてくれました。その経験も本書の中に生きていると思います。これらの方々にお礼を申し上げたいと思います。

東山紘久先生（京都大学名誉教授）は、今回、本書のために「序」を書いてくださいました。

名著『プロカウンセラーの聞く技術』の著者であり、また学生時代からさまざまな形でご指導いただいた東山先生の「序」は、私にとって本書執筆の予想外のご褒美でした。

京都大学学生総合支援センターのカウンセリングルームで、ともにカウンセリングの実践と研究に取り組む同僚のみなさんにも感謝しています。いつもさまざまな刺激と多くの支えをいただいています。

創元社編集部の渡辺明美さんには、本書を企画していただき、私にこのような貴重な機会を与えてくださったこと、さらには、草稿段階から最終稿に至るまで適切なご助言をいただいたことに、とても感謝しています。ありがとうございました。

私の妻と娘にもあらためて感謝します。彼女たちとの日頃の関わりから得たことが本書を底のほうで支えていると思うからです。

二〇一四年秋

杉原保史

著者紹介

杉原保史（すぎはら　やすし）

現職　京都大学学生総合支援機構教授
教育学博士（京都大学）、公認心理師・臨床心理士

略　歴

一九六一年　神戸市生まれ。

京都大学教育学部、京都大学大学院教育学研究科にて臨床心理学を学ぶ。

大谷大学文学部専任講師、京都大学保健管理センター講師、京都大学カウンセリングセンター講師、等を経て現職。

主な著書

『プロカウンセラーの面接の技術』創元社　二〇二三年
『心理療法統合ハンドブック』（共編）誠信書房　二〇二一年
『プロカウンセラーの薬だけにたよらずうつを乗り越える方法』創元社　二〇一九年
『SNSカウンセリング・ハンドブック』（共編著）誠信書房　二〇一九年
『心理カウンセラーと考えるハラスメントの予防と相談』北大路書房　二〇一七年
『キャリアコンサルタントのためのカウンセリング入門』北大路書房　二〇一六年
『技芸としてのカウンセリング入門』創元社　二〇一二年

主な訳書

『統合的心理療法と関係精神分析の接点』（ポール・ワクテル著）金剛出版　二〇一九年
『ポール・ワクテルの心理療法講義』（ポール・ワクテル著）金剛出版　二〇一六年
『心理療法家の言葉の技術　第二版』（ポール・ワクテル著）金剛出版　二〇一四年
『説得と治療：心理療法の共通要因』（ジェローム・フランク&ジュリア・フランク著）金剛出版　二〇〇七年
『心理療法の統合を求めて』（ポール・ワクテル著）金剛出版　二〇〇二年

プロカウンセラーの共感《きょうかん》の技術《ぎじゅつ》

2015年1月20日　第1版第1刷発行
2025年3月30日　第1版第21刷発行

著　者……杉原保史
発行者……矢部敬一
発行所……株式会社 創元社
https://www.sogensha.co.jp/
本社　〒541-0047 大阪市中央区淡路町4-3-6
Tel.06-6231-9010　Fax.06-6233-3111
東京支店　〒101-0051 東京都千代田区神田神保町1-2 田辺ビル
Tel.03-6811-0662
印刷所……株式会社 太洋社

ISBN978-4-422-11580-1